Norman Manea

Fenster zur Arbeiterklasse

NORMAN MANEA

FENSTER ZUR ARBEITERKLASSE

Aus dem Rumänischen übersetzt von
Paul Schuster

STEIDL VERLAG · GÖTTINGEN

Lektorat: Karl Heiner Busse

1. Auflage Januar 1989

 Umschlaggestaltung unter Verwendung eines Fotos von Visum/Dirk Reinartz und Buchausstattung: Gerhard Steidl · Gesetzt aus der Bembo der H. Berthold AG, Berlin · Herstellung: Steidl Verlag, Düstere Straße 4, 3400 Göttingen · ISBN 3-88243-114-8

FENSTER ZUR ARBEITERKLASSE

Der Sonntag wirft seine Tentakeln aus, die gefräßige, klebrige Krake. Dünn die Netze, haardünn. Flaum und Gewölk, tückisches Nest unter dem fetten, uferlosen Ozean der Nacht.

Segen und Fluch der Befriedung; wenn sich das nur hinauszögern ließe, noch und noch hinauszögern, wenn sich alle Geräusche annullieren ließen, die Gedanken, die Schwaden der Müdigkeit, die Alpträume der miteinander verknoteten Lebensalter, die Nachbarschaft und die Fremde, die unleserlich in den schwarzen Himmel eingefrorene Vergangenheit, die im grausamen Wecker verriegelte Zukunft. Ticktack – schon ist die Zukunft vorbei. Wahllos verschlingt das rostige Blechmonster die Augenblicke, Zelle um Zelle den Körper, die Träume, tick-tack, ohne Erbarmen.

Das Licht schießt seinen ersten Pfeil, stößt seine erste Klinge in den verknoteten

Körper. Und der Körper entknotet sich, langsam und schwer, zu zwei Körpern, nach rechts der eine, der andere nach links, langsam und schwer. Die Plazenta des Schlafes, zerwühlt von finsteren Stürmen, geborsten, verflüchtigt – durch eine einzige, winzige Bewegung; und wieder versammelt der grausame Tag seine verwaisten Kinder.

Leicht gleitet die Frau nach rechts, schwerfällig rollt sich der Mann nach links, immer heller dringt das Licht durch die Gitter des Morgens.

Irgendwann, geflüstert: »Ach, schon wieder dieses Licht, wie oft hab' ich dich schon gebeten ...« Der warme, kindliche Atem, die leise, schmollende Stimme. »Das Licht, dieses schreckliche ..., dich doch gebeten ..., wußtest doch ..., jetzt schon wieder, wieder diese Qual ...«

Schon wieder! Sie hatte ja recht, auch heute, wie in allen vergangenen Wochen, machte der Sonntag seine Gefangenen. Schon wieder!

»Immer wieder dieses Fenster ... Wie oft muß ich dich noch bitten, täglich liege ich dir in den Ohren. Du weißt doch, wie es mich quält: Wie oft muß ich dich noch bitten, einen Handwerker kommen zu lassen. Bloß eine Jalousie, sonst nichts. Das wird doch nicht so schwierig sein. Muß sich doch jemand finden lassen, der Jalousien reparieren kann.«

Taumeln, sich vortasten durch den Sumpf der Müdigkeit unter dem Terror des neuen Tages. Die Dusche, der Kaffee. Endlich dann wach, noch träge, noch mürrisch, aber nüchtern, die schwarze Tasse vor Augen. Und schon ganz dem neuen Tag gehörend – unentrinnbar.

Irgendwo Getöse von Straßenbahnen, nah, fern, unter dir, über dir. Autobusse Trolleybusse Geschosse, ausgeschlossen, durch diesen Lärm hindurch, vom Schlafzimmer her, das sarkastische Ticken des kleinen pummeligen Monstrums zu hören. Sie sind auf der Lauer, sie hören den Wekker nicht. Doch sie wissen, daß der Zeitfresser das Gift des Kalenders zuverlässig aufknabbert.

Auge in Auge, versunken in den beiden alten Plüschsesseln, starren sie auf die schwarzen Kreise der symmetrisch auf der schwarzglänzenden Tischplatte stehenden

Kaffeetassen. Die weiße schmale Hand zeichnet mit langem, bleichem Finger die schwarze Kontur nach. Knisternd gleitet das durchscheinende Nachthemd von den Schultern. Der lange, bleiche Arm stoppt die seidene Liebkosung, verharrt in der Schwebe, senkt sich wieder, die Hand umschließt den Zylinder der Kaffeetasse.

»Bin nicht ausgeschlafen ..., und jetzt schon wieder so ein langer Morgen. Ich geh' auf den Friedhof. Bleibe nicht lange. In einer Stunde bin ich wieder da.«

Und nun schweigt sie. Schaut den Mann an, der schweigt. Symmetrisch trinken sie, symmetrisch betrachten sie einander. Der Morgen gestattet solche Präludien. Für einen Augenblick verstummt das Getöse der Autobusse und Straßenbahnen. Deutlich ist wieder das brave Ticken des Chronometers zu hören, gleichmäßig, rhythmisch alle Hoffnungen fressend.

»Nimm dir noch einmal diese Hefte vor. Wir müssen einen anderen Platz für sie suchen. Bei uns kann man sie allzu leicht finden. Vielleicht haben sie in jener Nacht eben diese Hefte von ihm haben wollen. Ob er nicht ihretwegen gestorben ist...«

Der Mann schweigt, schließt die Augen, wartet. Öffnet die Augen, wartet.

»Am dringendsten sind diese Hefte. Eine Auswahl. Und ein sicheres Versteck. Es ist das einzige, was wir von ihm behalten haben. Und, du weißt es, es sind nicht nur Gedichte ...«

Mehr war nicht zu sagen. Und wieder prasselt von allen Seiten der barbarische Lärm der Straße auf den kleinen Käfig ein.

Plötzlich zucken sie hoch, wiedervereinigt durch den Alarm. Einmal lang, dann lange Pause. Dann wieder: kurz und schüchtern.

»Wer mag das sein? Sonntag, frühmorgens, darf man sich denn nicht einmal mehr ausruhen?! Wer könnte das sein?«

Vor der Tür, genauer: in ziemlichem Abstand, beinahe an der gegenüberliegenden Wand des Korridors, ein grauer, bis zu den Schuhen hinabreichender Regenmantel. Aus dem engen Kragen steigt ein mageres, fahles Gesicht. Große, leuchtende Augen, unsteter Blick.

»Entschuldigen Sie, bitte, ich möchte nicht stören.«

Die leise Stimme betont die Schüchternheit und Demut des Mannes. Und ehe Erklärungen von ihm verlangt werden:

»Ihr Rollo ist kaputt. Diese, wie man das neuerdings nennt, diese Jalousie. Will sagen, diese Lamellen. Wenn Sie wollen, repariere ich das Ding.«

Das war ein präziser Treffer, direkt ins Schwarze. Eine effektvolle Überraschung.

»Doch, gewiß ... aber woher ... woher wissen Sie überhaupt?«

»Man sieht's von der Straße her. Der Gurt ist gerissen ..., der Riemen, oder wie man das Ding heißt, an dem man ziehen muß. Oder vielleicht klemmt es irgendwo drinnen, was weiß ich. Jedenfalls hängen die Lamellen darum so schief, so schräg. Weder geöffnet, noch geschlossen. Haben sich verheddert, alle so schlagseitig ... «

»Das stimmt! Sie haben recht. Aber wie sind Sie hierher gelangt, wie haben Sie unsere Wohnung gefunden?«

»Hab's mir ausgerechnet, nach der Fassade. Drittes Stockwerk, das Appartement links. Nichts einfacher als das.«

»Nun ja, ist schon recht. Kommen Sie rein, bitte.«

Die Tür öffnet sich. Der Schmächtige nähert sich, weicht wieder zwei Schritte zurück, hebt eine schwarze, pralle Klempnertasche vom Boden.

»So kommen Sie doch, treten Sie ruhig ein. Sie können die Schuhe anbehalten – nein, nein, nicht nötig.«

Doch schon hat er die Schuhe abgestreift, steht in Socken da. Schon hängt sein Mantel an einem Garderobenhaken, und neben den Schuhen steht, schon geöffnet, die Tasche. Voll mit Schrauben, Schraubenziehern, Zangen, Feilen, Schlüsseln, Nägeln, Kordeln – mit allen Instrumenten, die zum Spiel gehören.

Er verharrt kurz im Flur, dann geht er ins Schlafzimmer. Klein, vorgeneigt, knochig – ganz Herr der Lage. Er betrachtet das Fenster mit prüfenden Blicken, die linke Seite des Rahmens, die rechte. Seine Gesten und Worte sind unbefangen und sicher, keine Spur mehr von der anfänglichen Schüchternheit.

»Sie zahlen mir hundert Lei. Wenn's Ihnen recht ist, fange ich gleich an. Wie gesagt: hundert.«

Er zuckt mit den schmächtigen Schultern. Große Hände, etwas zu lange Arme für den kleinen, dürren Körper. Verlegen dreht er sich um, fährt sich mit den Fingern durch das kurzgeschorene Haar. Dann stemmt er beide Hände abwartend an die Hüften.

»In einer Stunde krieg' ich das hin. Wie gesagt, hundert Lei.«

»Ganz schön teuer. Warum so viel?«

»Das ist der Preis. Hundert. Was ich repariere, das hält. Einen festen Gurt, einen unverwüstlichen. Ich hab' noch welche aus alten Beständen, die reißen nie.«

»Schön und gut, aber hundert – das scheint etwas viel. Doch lassen wir das, fangen Sie nur an. Wir werden uns schon einigen, machen Sie sich keine Sorgen.«

»Nein, nein, erst muß das klar sein. Wie gesagt, hundert.«

»Wir werden sehen. Fangen Sie meinetwegen gleich an. Es stört Sie ja nicht, daß wir die Betten noch nicht gemacht haben.«

»Haben Sie eine Leiter? Ohne Leiter geht's nicht. Und alte Zeitungen, damit das Parkett nicht dreckig wird.«

Aus dem Nebenraum wird die Bibliotheksleiter gebracht, aus dem Flur ein Stapel Zeitungen. Er stellt die Leiter auf, breitet das Altpapier aus.

Da kommt die Frau aus dem Badezimmer, zum Ausgang bereit. Sie bleibt auf der Schwelle zum Schlafzimmer stehen. Starrt verwirrt den kleinen Handwerker auf der Leiter an. Sie ist blond, zierlich, nachdenklich. Sacht schließt sie die Schlafzimmertür. Geflüster im Flur. Dann Geraschel von Kleidern. Die Wohnungstür fällt ins Schloß.

»Nun, haben Sie's gefunden, kommen Sie klar?«

»Na klar. Der Gurt ist gerissen, da drin, hab's gleich gesagt. Aber ich habe noch gute alte Gurte. Unzerreißbare.«

Der Herr in Pullover und Jeans zieht sich zurück. Nach einer viertel Stunde erscheint der Handwerker im Wohnzimmer, wo der Mann in die Zeitung vertieft ist. Er betrachtet den Raum, die Sessel, den Schreibtisch, die Bücherregale.

»'ne Menge Bücher, nichts als Bücher!«

Der Mann unterbricht seine Lektüre, nickt.

»So viele Bücher, Sie haben ja wirklich 'ne Menge. Hab' ja auch gleich gemerkt, daß es hier anders ist, irgendwie was Besonderes, gleich als ich reinkam.«

Der Mann lächelt, schiebt die Zeitungen beiseite. Warten. Ein Augenblick, ein winziges Spänchen Zeit, schnapp! schon hat der Wecker, der alte Frosch, es verschluckt.

»Sie sind beschäftigt, ich wollte Sie nicht...«

»Hab' bloß Zeitung gelesen. Nichts Besonderes, treten Sie ein.«

»Aber wenn Sie gerade so mit ..., will sagen: mit dem Lesen beschäftigt sind, Sie lesen so viel, die vielen Bücher, da sieht man doch gleich...«

»Nein, Sie stören wirklich nicht, treten Sie ein!«

»Ist Ihre Frau weggegangen? Wenn sie nämlich nicht da ist, dann könnte ich Sie ja bitten ... Könnten wir etwas besprechen. Anders hätte ich mich nicht getraut...«

»Worum geht's denn, was bedrückt Sie? Sagen Sie's ruhig!«

»Als ich diese vielen Bücher gesehen habe, da hab' ich mir gedacht, vielleicht könnten Sie mir helfen. Etwas für mich schreiben.«

Hageres Gesicht, finstere Miene. Abgetragene Hosen, von abgewetztem Gürtel gehalten, dünnes, doch überraschend sauberes kurzärmeliges, kindlich wirkendes Hemd. Lebhafte, unruhige Augen.

»Haben Sie Sorgen? Soll ich ein Bittgesuch für Sie aufsetzen, ist es das?«

»Ja, Sorgen. Doch darüber möchte ich lieber ein anderes Mal ... wenn Sie mehr Zeit haben. An einem Nachmittag, noch besser abends, wenn Sie mehr Muße ... «

»Mir ist's recht, kommen Sie, wann Sie wollen. Ich bin übrigens auch morgens zu Hause.«

»Ach so, Sie arbeiten zu Hause. Dann ist es ja vormittags wohl wirklich besser. Vielleicht komm' ich demnächst mal, wenn Sie allein sind.«

Dann geht er wieder, mit kleinen Schritten, wiegender Gang auf kurzen Beinen, breiten Füßen, die in schlaffen Socken stekken.

Er beendet die Arbeit in der vorgesehenen Zeit, rafft die Schrauben, Nägel, Zangen, Kordeln zusammen, stopft alles in seine speckige Klempnertasche. Da kommt die Frau nach Hause. Das schüchtert ihn ein, seine Bewegungen werden fahrig. Er bittet um einen Besen, fegt den Dreck zusammen, fordert seine Auftraggeber auf, den neuen Gurt auszuprobieren und ihm zu bestätigen, daß nun alles in Ordnung sei. Möchte sich noch die Hände waschen. Bevor er geht, wickelt er den Hundert-Lei-Schein in sein Taschentuch.

Eines Morgens dann, bei trübem, regnerischem Wetter, die Klingel. Einmal lang – lange Pause. Und noch einmal kurz. Pause. Der Mann ist noch ganz benommen von der Nacht, den Schlafstörungen. Kaum erkennt er das graue Männchen wieder, das an der gegenüberliegenden Wand des Korridors wartet.

»Ach, Sie sind's! Ist schon recht, kommen Sie herein.«

Das schemenhafte Wesen nähert sich, tritt ein, hat auch schon die Schuhe ausgezogen, hält sie in der Linken.

»Das ist doch nicht nötig. Was soll das. Ich bitte Sie! Kommen Sie schon. Ihre Tasche können Sie hier im Flur abstellen.

Kommen Sie, kommen Sie, nein, nein, Sie stören nicht. Nehmen Sie Platz. Sie trinken doch einen Kaffee, bin gleich wieder da.«

Es dauert nicht lange, bis der Gastgeber zurückkommt – mit Kaffeetassen auf einem kleinen Tablett. Der Gast kauert steif, krampfig, verlegen in seinem Sessel. Es dauert eine gute halbe Stunde, bis seine zunächst kargen Antworten ausführlicher werden.

»Ich habe ja gleich gemerkt, daß Sie ... nicht so einer sind, daß man Vertrauen haben kann in Sie. Es gibt in diesem Land ja nur zwei Menschen, die mir helfen könnten. Der eine, das ist der große Boß, aber bis zu dem gelange ich nie. Der andere, das ist der Dicke, der Pressegott, der Fernsehgott, das Schlitzohr, das jeden nach seiner Pfeife tanzen läßt.«

»Trinken Sie Ihren Kaffee, sonst wird er noch kalt.«

»Vor Jahren konnte man ja noch einigermaßen durchblicken. Da ging's noch irgendwie. Vor Jahren. Acht Geschwister. In einer ärmlichen Bauernkate. Es war verdammt schwer. Bin davongelaufen. War zwölf Jahre alt. Bin in die Stadt, wußte, wohin. Hab' lange Stunden vor dem Eingang gesessen. Schließlich haben sie mich vorgelassen und angehört. Und dann haben sie mich in eine Lehrlingsschule gesteckt. So bin ich zu meinem Handwerk gekommen. Ja, damals gab es das noch, daß man dir die Tür öffnete, wenn du anklopftest.«

»Warum trinken Sie Ihren Kaffee nicht, Sie haben die Tasse ja noch gar nicht angerührt.«

»Nur Kummer und Sorgen ... Und immer Verdruß. War auch beim Arzt. Ich trinke keinen Kaffee, ist besser so. Alles ist anders geworden, niemand mehr kümmert sich um die Not des Nächsten. Alles ist auf den Hund gekommen. Entweder muß man da oben Verwandte haben oder selber dort sitzen, wo man unser Brot austeilt. Vor zehn, fünfzehn Jahren war das noch anders. Da lebte ich mit meiner Frau und zwei Kindern in einem Mauseloch, vier Quadratmeter, zum Ersticken eng. Ja, da bin ich eines Tags in den Park gegangen. Hab' mich an einen von diesen Straßenfotografen gewendet, die man ja in allen Parks antrifft. Hab' ihm gesagt, was ich brauche. Der hat mich schief angeguckt. Mach' ich nicht, hat er gesagt. Gibt nur Scherereien, ich weiß schon, was Sie wollen, aber nicht mit mir. Da habe ich ihm fünfhundert Lei in die Hand gedrückt. Fünfhundert! Der Arme hat einen mächtigen Schreck gekriegt. Als sei ich aus der Klapsmühle weggelaufen. Hat sich geweigert. Ist aber schließlich doch mitgekommen, hat mein Mauseloch geknipst. Hab' natürlich geschworen, niemals zu verraten, wer die Fotos gemacht hat.«

»Kann ich Ihnen einen Tee anbieten, eine Schnitte vielleicht?«

Er überhört die Frage. Seine Stimme ist wieder fest, die steile Falte über seiner linken Braue verrät die gleiche Konzentration und Entschiedenheit, mit der er am vergangenen Sonntagmorgen von der Straße her die schadhafte Jalousie angepeilt haben dürfte, die er und kein anderer zu einem im voraus festgesetzten Preis reparieren würde. Unsicherheit und Schüchternheit, mit denen er eben noch vor der Wohnungstür gestanden, haben sich verflüchtigt.

»Eines Morgens bin ich ihm einfach vor den Dienstwagen gelaufen. Direkt vor seiner Villa. Ich habe alles herausgefunden, die Stunde, die Fahrtrichtung, den günstigsten Augenblick. Fragen Sie nicht, wie: Es ist eine lange Geschichte! Habe mich lange bemüht, als Handwerker in die Wohnungen der Bosse zu kommen. Hab' alles mögliche versucht, in das Nobelviertel reinzukommen. Zuerst hat irgendwer mich einem von den kleinen Bossen empfohlen. Hab' monatelang für ihn gearbeitet. Mal dies, mal das, ein launischer Nörgler! Und knauserig! Aber ich habe nicht gefeilscht. Hab' alles repariert. Verstehe mich ja auf alles, auf Schlüssel, Gasflaschen, Klempnerei, Schreinerei, egal. Und als alles fertig war, da habe ich zu ihm gesagt: Sehen Sie mal, ich habe sozusagen umsonst für Sie gearbeitet, nun ist's an Ihnen, mir zu helfen. Ich brauche bloß einen Tip. – Tag für Tag, wenn ich aus der Fabrik kam, bin ich bei ihm gewesen, oft bis in die Nacht hinein, hab' alles im Haus repariert, für nichts und wieder nichts. So konnte er's mir einfach nicht abschlagen. Hat mir's also verraten: So und so, die Straße, die Hausnummer, da wohnt der Genosse ... Es handelte sich um einen von den Großen, schweres Kaliber. Der Name tut nichts zur Sache, denn inzwischen ist auch er längst in der Versenkung verschwunden. So ergeht es doch allen, damit ja keiner zu mächtig wird. Hab' einige Tage auf der Lauer gelegen, und dann, wie gesagt, bin ich einfach vor seinen Dienstwagen gelaufen. Natürlich sind sie sofort von allen Seiten auf mich losgestürzt. Sie wissen doch, wie das ist. Leibwächter überall, werden im Nu mit dir fertig. Doch der Boß hat sie mit einem Wink von mir ferngehalten, mich vorgelassen. Was denn los sei, ich möge doch näher kommen. Da hab' ich ihm die Fotos gereicht. Ein ganzes Mäppchen, Bittschrift, Fotos, alles. Ganz wie der Geizhals mir geraten. Erst hat der hohe Genosse mich angeguckt, dann die Papiere, dann wieder mich. Und schließlich okay gesagt, wenn das alles wirklich stimme, jedenfalls würde man der Sache nachgehen, nach dem Rechten sehen. Zwei Tage darauf bin ich umgezogen. Hab' eine Wohnung bekommen. So war das damals … Zwar noch lange kein Paradies, bei Gott nicht! Aber man konnte sich wenigstens noch die Beine ablaufen, was fordern, Krach schlagen. Heute geht's nur noch mit Bestechung und Lügen, mit einflußreichen Verwandten, mit Gaunereien.«

Er zieht eine in Zeitungspapier gewickelte Rolle aus der Jacke, reckt sie drohend hoch.

»Ausgeschlossen, bis zum Oberboß vorzudringen ... Alle anderen aber sind machtlos. Bestenfalls gelingt es noch diesem und jenem, eine Audienz bei dem Dicken, dem Fernsehgott, zu bekommen. Sie kennen ihn sicher, den kennen doch alle.«

»Ich kenne ihn, wie das ganze Land ihn kennt. Mit anderen Worten: Ich kenn' ihn nicht. Aber wenn Sie's wünschen, setze ich Ihnen gern einen Schrieb auf. Vielleicht haben Sie ja Glück. Wenn für ihn selbst was dabei rausspringt, dann wird er Ihnen wohl helfen. Wenn's ihm paßt; wenn's ihm nützt. Könnte ja sein, daß er's tut, daß Sie eben Glück haben.«

Er löst die Rolle, legt einen Stapel Papier, beschrieben mit kindlichgroßen, linksgeneigten Buchstaben, auf die Tischplatte zwischen den beiden Sesseln.

»Alles hab' ich da aufgeschrieben. Aber erst mal noch dies: Ich hab' die Lohnkategorie acht. In unserer Abteilung, in der Kesselschmiede, gehöre ich zu den Alten. Bis sie unseren Meister auf Rente gesetzt haben, ist alles noch einigermaßen gut gelaufen, es gab keinen Ärger. Aber vor zwei Jahren haben sie einen neuen geholt, aus der Provinz. Der hat gleich ein Haus bekommen, alles! Hatte starke Pfeiler, der Mann, ist doch klar. Zeigt sich fast nur auf Dienstbesprechungen, in der Kesselschmiede kaum. Im übrigen ein umgänglicher Mann, solange man sich ihm nicht querstellt. Immer zu Späßen aufgelegt, kommt mit allen gut aus, dem Direktor, der Belegschaft, hat den richtigen Umgang raus. Ließ mich in Ruhe – so wie ich ihn. Aber beim Saufen machte ich niemals mit. Der hat das nämlich eingeführt. Am Lohntag alle in die Kneipe! Die ganze Werkhalle. Man muß – ohne Widerrede! Und Sie wissen, ich trinke nicht … außerdem arbeite ich immer noch nach Dienstschluß, hab' vier Kinder, das ist nicht leicht. Meine Frau hat keinen Beruf, geht ja auch nicht bei vier Kindern, hab' selber gewollt, daß sie zu Hause bleibt.«

Der Gastgeber beugt sich über die gläserne Tischplatte, durchblättert die Bögen, nickt zustimmend, als hätte er etwas lange Gesuchtes gefunden.

»Mit ihnen saufen, das konnte ich einfach nicht. Nur einmal bin ich mitgegangen. Es war nicht zu vermeiden. Er durfte nicht denken, ich hätte was gegen ihn ... Sie hatten ihr Stammlokal. Zum Präsidenten. So nannten sie es, obwohl es anders hieß, ich weiß nicht mehr, wie. Eine kleine, schmuddelige Spelunke, Zigarettenqualm, Gedränge, aber mit rotem Plüsch gepolsterte Stühle und gepfefferte Preise. Und hier also Schlückchen für Schlückchen, bis alle sturzbesoffen waren. Das war ungeschriebenes Gesetz, Ausnahmen nicht gestattet. Stundenlang, die ganze Nacht durch. Ja, und dann ging es ans Zahlen. Aber der Chef zahlte nie. Ließ sich freihalten. Hab' den Mund gehalten, hab' mitbezahlt. Das nächste Mal aber bin ich nicht mitgegangen. Da haben sie doch einfach auch so meinen Beitrag verlangt ... für den Chef. Hab' mich geweigert, hab' nicht gezahlt. Mensch, Junge, mußt auch was rausrücken! Nee, mach' ich nicht. Und so hat alles angefangen.«

Sein Zuhörer nickt verständnisvoll, legt die Blätter zurück, mustert den Mann, der da vor ihm sitzt, mit erhöhter Aufmerksamkeit. Langes Schweigen.

Stundenlang bleiben die Blätter unberührt. Erst die Abenddämmerung blättert sie wieder durch, die hastige Hand des Mannes bringt sie wieder durcheinander, sondert einige aus, trägt sie durchs Zimmer, von Wand zu Wand und wieder zurück. Er ist allein in der Wohnung, graue, violette Schleier wehen ans Fenster, das Summen der Dämmerung übertönt das Ticken der Uhr.

»Zählt es denn überhaupt nicht, daß dieser Arbeiter sich in 25 Dienstjahren kein einziges Mal verspätet hat – und daß an dem Tag, als es zum ersten Mal geschah, der ganze Stadtverkehr blokkiert war?« Die Frage gewinnt ihren eigenen Rhythmus, ihren Tonfall. *»Warum ist dieser Arbeiter aus der Kesselschmiede versetzt, warum der Wartungsmannschaft zugeteilt und dadurch mit einem Lohnausfall von 400 Lei monatlich bestraft worden?«*

Und abends der Ehemann zur heimkehrenden Ehefrau:

»Alle Fragen an das Gericht sind hier enthalten!« Seine Erregung läßt die Blätter zittern. »Klare, intelligente Formulierungen.

Die ganze Geschichte verständlich dargestellt. Und mit welcher Begründung hat dieser Genosse Meister ihn der Nachtschicht zugeteilt, wo doch nach geltenden Bestimmungen Familienväter und solche mit mehr als 20 Dienstjahren von der Nachtarbeit befreit sind? Wieso ist er aus der Kesselschmiede versetzt worden? Und als er einmal krankgeschrieben wurde: die zynische Bemerkung des Meisters, daß Kranke nichts im Werk zu suchen haben! Warum die Zurückstufung wegen einer einmaligen halbstündigen Verspätung, und warum – als er sich beim Direktor, bei der Gewerkschaft, beim Ministerium beschwerte – von allen der warnende Rat, das Maul zu halten, falls er sich nicht noch größere Scherereien einhandeln wolle?«

»Und unser Gasherd – hat er nun den Schaden behoben, oder war über all den Erörterungen keine Zeit mehr dazu?« fragt die Ehefrau spöttisch.

»Selbstverständlich. Während ich seinen Leserbrief verfaßte, hat er alles in Ordnung gebracht. Er hofft, daß der Oberschurke, den alle für den zweiten Mann im Staat halten, sich seines Falles annehmen wird.

Dabei weiß doch jeder, daß dieser Bonze nur seine eigenen Interessen verfolgt – aber an wen sonst könnte man sich überhaupt wenden als an diesen Großmagier? Er hofft auf Veröffentlichung des Briefes. Auf die Genugtuung, wenigstens zur Kenntnis genommen zu werden. Alle hoffen das. Damit sie das verlorene Vertrauen wiedergewinnen können, allein darum geht es ihnen. Bedrängt von Nöten, von unsichtbaren Fallstricken, weiß keiner mehr, wie und an wen ... Kurz, ich habe mir alle erdenkliche Mühe gegeben, den Brief so abzufassen, daß er dem Obermufti unter die Haut geht. Hab' ja versucht, unseren guten Handwerker umzustimmen, ihn zu einem Kompromiß mit der Werkleitung zu überreden – aber tauben Ohren gepredigt. Mann! habe ich zu ihm gesagt, ein einzelner kann doch unmöglich solch einem korrupten System die Stirn bieten, das ist doch der reinste Selbstmord! Taube Ohren!

Solch eine Zähigkeit! Es ist schon zu bewundern. Hast es doch selber bemerkt – nur eine Handvoll Mensch! Und soviel Fleiß, Ehrlichkeit, Stolz. Soviel Geschicklichkeit – beherrscht jeden Kniff!«

»Und wieviel hat er haben wollen? Schon wieder hundert Lei, wie neulich?«

»Nein, diesmal nicht. Er hat den Herd repariert, die Badezimmertür, die Schnappverschlüsse des Reisekoffers. Als ich die Arbeit bezahlen wollte, hat er entschieden abgelehnt. Hab' ihn vergeblich gedrängt. ›Genausoviel Zeit wie ich mit meinen Arbeiten haben Sie mit dem Schrieb verloren – wir sind also quitt.‹«

Mitten im heißesten Sommer geht die Dusche kaputt. Anruf genügt – schon am Morgen darauf findet der Handwerker sich ein.

Kurzer, schüchterner Druck auf den Klingelknopf. Schemenhaft, wie gewöhnlich, steht er abwartend an der Korridorwand gegenüber der Wohnungstür. Und wie gewöhnlich öffnet dieser kindlich-unausgeschlafene Mann in alten Jeans und nachlässig übergeworfenem groben Hemd.

»Ich störe Sie wohl, aber ich hab' mir gedacht … Meine Frau sagte, Sie hätten angerufen.«

»Kommen Sie, treten Sie ein, der Kaffee ist gleich fertig. Ach so, ich vergaß, daß Sie ja keinen Kaffee trinken. Dann mache ich Ihnen einen Tee, ist's recht? Kleinen Moment – Sie brauchen die Schuhe nicht auszuziehen. Wirklich nicht nötig, behalten Sie sie doch an.«

Aber schon hält der Gast sie in der Hand, schon steht die Klempnertasche geöffnet unter der Garderobe, schon kramt er in dem alten bauchigen Lederbehälter zwischen Schrauben, Ventilen, Fläschchen, Knäulen, Drahtröllchen, weiß Gott, was sonst noch darinstecken mag.

Der Mann zieht sich zurück, trinkt seinen Kaffee. Erscheint aber gleich wieder mit einer Tasse Tee und einem Stück Sandkuchen auf einem kleinen Tablett. Der Handwerker lehnt ab. Nach etlichen Minuten kommt der Gastgeber von neuem, verharrt zögernd auf der Schwelle, weiß nicht recht, wie er beginnen soll.

»Was hat sich noch getan, wie steht's mit Ihrem Prozeß?«

»Hab' gewonnen. Gewonnen. Aber es sind mir nicht 14 000 zugesprochen worden, wie ich's gefordert habe. Man will mir nur 6 000 auszahlen.«

»Was, Mensch, gewonnen? Wer hätte das gedacht! Is' ja toll, fast unglaublich! Daß einer einen Prozeß gegen die Betriebsleitung gewinnt, gegen den Staat, das hat's noch nie gegeben! Hut ab, Sie sind ein Mordskerl! Und das sogar ohne Anwalt – wirklich ein Wunder ... die Wahrheit, so hatten Sie doch gemeint, könnten Sie auch allein sagen, dazu brauchten Sie keinen Anwalt.«

»Hab' natürlich Berufung eingelegt. Ich nehm' das Geld nicht, das die mir bloß so aus Mitleid hinschmeißen. Ich will mein Recht. Und man wird es mir geben – man muß! 14 000 – hab's genau ausgerechnet. Entschädigung für alle Zurückstufungen, für den Ausfall des Urlaubsgeldes und der Prämien!«

»Mann, verzichten Sie besser! Wenn sie weiter prozessieren, setzen Sie nur Ihre Gesundheit aufs Spiel. Man hat die Betriebsleitung schuldig gesprochen, man stellt Sie wieder ein – geben Sie auf, in Gottes Namen. Gönnen Sie sich endlich Ruhe, wozu das ewige Gerenne!«

»Machen Sie sich keine Sorgen, mein Brot verdien' ich mir auch so – darum geht's nicht. Ich will mein Recht. Und meinen Platz. Sonst kommen wir alle noch auf den Hund, das sag' ich Ihnen! Alle Moral ist im Eimer, Ehre, Glaube, ein verbindliches Wort – nichts mehr gilt. Wie soll man so weiterleben?! Ohne Gesetz und ohne Seele – dann lieber gar nicht. Kann ich mir die Hände waschen?«

»Bitte sehr, hier, dies Handtuch.«

Sorgfältig wäscht er sich die geschwärzten Hände. Zögert, bevor er nach dem Handtuch greift, hält die tropfenden Finger in der Schwebe, entschließt sich endlich, packt mit einer raschen und linkischen Bewegung das Handtuch. Sammelt Schrauben und Werkzeug ein, läßt sich den Besen geben, fegt den Boden.

»Was bekommen Sie?«

»Hundert, wie gewöhnlich.«

Nicht leicht, ein Lächeln zu unterdrükken.

»Das scheint Ihre Pauschale zu sein?«

»Was sind heute schon hundert Lei? Ich habe den Schlauch von der Dusche erneuert. Im Handel kostet so 'n Ding 32 Lei – und taugt nichts, die Gewinde rosten schon nach wenigen Tagen. Aber auf diesen neuen können Sie sich verlassen. Und hab' die Armaturen abgedichtet, jetzt tropft's nicht mehr. Dann noch den ganzen Dreck aus dem Knie vom Abfluß rausgeholt – wird sich so bald nicht wieder verstopfen. Sie zahlen mir hundert Lei – würde zwar etwas mehr kosten, aber den Rest verrechnen wir, wenn ich das nächste Mal komme. Keine Sorge, bei mir stimmt's immer.«

»Sie meinen also, daß wir uns wiedersehen?« Der Mann lächelt, ist dem Lachen nahe.

»Was denn sonst! Alles Gute, und Gott erhalte Ihnen die Gesundheit!«

Ein langer Sommer verstreicht. Nachrichten über den unbeirrbaren Einzelkämpfer in zusammenfassender Rückschau bringt erst ein kalter Dezemberabend.

An der Autobushaltestelle Menschentrauben dicht ineinander geknäult. Wieder einmal ist der öffentliche Verkehr Zielscheibe des Massenfluchens. Der Haß, die Verzweiflung der Verkehrsteilnehmer verdichten sich zu einem Gebrodel aus Gift und Galle. Sie drehen sich stampfend im Kreis, klopfen sich gegenseitig auf den Rükken, die Arme, wenden immer wieder den Kopf, hoffend, daß endlich das Monstrum auftauche, das sie nach Hause karren wird. Benommen von Frost und Erschöpfung, machen sie ihrer Wut Luft. Könnte man ihre Flüche, ihre Wortfetzen bündeln, so müßte man denken, diese Wut würde sich schon in der nächsten Stunde in einer allgemeinen Explosion entladen. Vorausgesetzt allerdings, daß man diese verzweifelten Flüche, dieses Geschimpfe nicht selber schon tausendmal mitbekommen hätte, beim Schlangestehen um Fleisch, um Seife, um Reißzwecken, Klopapier, Zigaretten oder Mützen und in den Warteschlangen an den Haltestellen, diesen endlosen Schlangen aus Demütigung und Wut; wer das kennt, der erwartet längst nichts mehr von diesen zyklischen Ausbrüchen.

Gewaltiger Auflauf an der Haltestelle, schneidende Kälte, Dezemberabend. Über Einkaufstaschen und Tüten gekrümmte Frauen, bibbernde Kinder, aber auch eine Menge Männer, stampfende, fluchende.

Und unter ihnen, sofort fällt er auf: der Kleine, der Unscheinbare, der Graue, behängt mit prallvollen Plastiktüten, in jeder

Faust drei. Er stapft, er flucht nicht, sondern steht reglos da, schweigt. Kein Trippeln, keine Silbe. In einem abgetragenen Parka, ohne Mütze, als könnte die Kälte ihm nichts anhaben. Sauberer Bürstenschnitt, frisch rasiert, ordentlich gekleidet, schmächtig, aber standfest. Und rechts und links, an den wohl etwas zu lang geratenen Armen, wie gleichmäßig verteilte Gewichte, die Beutel. Ungerührt betrachtet er den dunklen Winterhimmel. Man könnte ihn für einen obdachlosen Halbwüchsigen halten, unterwegs zu irgendeinem Heim für stolze, in Ehrgeiz und Illusionen solidarische Hungerleider.

Ist er's wirklich? Soll man ihn ansprechen? Ein Zögern, ein langer, prüfender Blick, noch ein paar Schritte auf ihn zu – dann die Gewißheit: Er ist's. Ein leichter Schlag auf die Schulter. Er wendet den Kopf. Man erkennt sich. Möchte sich die Hand reichen – doch die Beutel lassen's nicht zu. Aber man rückt ein bißchen enger aneinander, und so klappt der Dialog.

Am 8. Juni 1982 wird der Arbeiter Valentin Nanu in Bukarest beim Obersten Gerichtshof angehört. Er legt dem zuständigen Richter eine umfangreiche, mehrere Erklärungen, Bescheinigungen, ärztliche Atteste beinhaltende Akte vor. Atteste nicht nur über seinen eigenen, durch die Konflikte mit der Betriebsleitung schwer angeschlagenen physischen Zustand, sondern auch über den Gesundheitszustand seiner Kinder: Maria, 19 – hämolytische Anämie, Funktionsstörungen der Thymusdrüse; Angela, 16 – Asthma, zunehmende Verkrümmung der Wirbelsäule; Michaela, 13 – Gelenkrheumatismus, Mitralinsuffizienz; Marian, 10 – Gelenkrheumatismus und Kalkmangel. Zwei Monate nach Anhörung stellt die Post dem Arbeiter Valentin Nanu den Urteilsspruch zu, mit welchem der Vorsitzende des Obersten Gerichtshofs der Sozialistischen Republik Rumänien der Berufung entsprochen hat: Kraft des Gerichtsentscheids vom 26. September 1982 sind die »Republica«-Werke verpflichtet, den Arbeiter Valentin Nanu wieder einzustellen, ihn mit einer seiner Ausbildung entsprechenden Tätigkeit zu betrauen und alle Nachzahlungen zu leisten, die ihm für die Zeit seiner rechtswidrigen Zurückstufung und die Zeit seines gesetzlichen Krankenurlaubs zustehen, und zwar in Höhe von insgesamt 8750 Lei. Der Kläger Valentin Nanu weigert sich jedoch, dieses Urteil zu akzeptieren, da es keine Bestrafung der für seine Schäden Verantwortlichen einschließt und den ihm entstandenen Lohnausfall nicht vollumfänglich ausgleicht.

Die Stadt duckt sich unter dem Druck der Nacht. Die Straßen gleichen den Gängen einer Katakombe. Die zunehmende Finsternis verwandelt die Metropole in ein riesiges, verlorenes Dorf. Nur die Scheinwerfer vereinzelter Autos streifen mit ihren Strahlen gespenstisch die Menschenmassen, diese ineinandergeballten Haufen schwarzer Ameisen, diesen Riesenkörper eines stöhnenden Sauriers. Und die Flut der Flüche steigt, verdichtet sich zu einem erstickten, kalten Summen.

Die beiden miteinander Redenden ignorieren die Gereiztheit, sind eingesponnen in ihr Gespräch.

Am 27. September 1982 ist Valentin Nanu im Büro des Personalchefs der »Republica«-Werke erschienen, mit der Forderung nach Erledigung der gesetzlichen Formalitäten zwecks Wiedereinstellung auf dem alten Arbeitsplatz und Auszahlung der ihm zustehenden Entschädigung aufgrund des Gerichtsurteils. Man hat ihm zugeredet, hat ihn bewegen wollen, auf seine Forderung zu verzichten und die Arbeit schon morgen wieder anzu-

treten, hat ihm eröffnet, daß die richterliche Entscheidung erst einen Monat nach Prozeßende der Personalabteilung zugestellt werde, doch der Arbeiter Valentin Nanu hat sich stur gestellt, sich hinter der Gegenerklärung verschanzt, daß er nicht wie ein Bettler in den Betrieb zurückzukehren gedenke, für den er immerhin 25 Jahre lang gewissenhaft gearbeitet habe. Erst wolle er seine Papiere bekommen, zugleich aber jetzt schon präzisieren, daß er den Gerichtsspruch keineswegs in seiner Gesamtheit akzeptiere, sondern entschlossen sei, mit allen gesetzlichen Mitteln solange weiterzukämpfen, bis er vollumfänglich in seine Rechte eingesetzt werde. Schließlich hat man ihm vorgeschlagen, die Wartezeit bis zur Erledigung aller Formalitäten als unbezahlten Urlaub zu verbuchen. Nach langwierigen Verhandlungen hat er dann endlich eingewilligt. Am 23. Oktober 1982 hat Valentin Nanu seine Papiere bekommen. Am 25. Oktober, einem Montag, ist er in der Kesselschmiede der »Republica«-Werke wieder zur Arbeit angetreten. Am 11. November hat man ihm im Lohnbüro die Summe von 8 750 Lei ausbezahlt, die ihm aufgrund des Gerichtsurteils Nr. 4444 vom 26. September 1982 zustand. Wenige Tage davor hat der Kläger Valentin Nanu bei der Oberstaatsanwaltschaft Einspruch gegen das letztinstanzliche Urteil in seinem Rechtsstreit mit den »Republica«-Werken eingelegt. Am 18. Dezember 1982 teilt die Oberstaatsanwaltschaft ihm unter der Aktennummer 567132 brieflich mit, daß der Oberste Gerichtshof dem Einspruch nicht stattgebe, das Urteil also endgültig sei.

Eine Stunde nach dieser abendlichen Begegnung versucht der Ehemann, der Ehefrau sein Gespräch mit dem Arbeiter Valentin Nanu wiederzugeben. Sie reagiert mit einer hastig abwehrenden Handbewegung, ist schmerzlich auf anderes konzentriert, will sich nicht ablenken lassen.

»Du warst wohl wieder bei ... ich hab's gleich gewußt. Bist jedesmal wie in Trance ...«

»Unsinn. Ich muß nur immer wieder daran denken, besonders wenn's mir mal gutgeht. Aber auch wenn ich Kummer habe. Und dann gehe ich eben mal wieder. Um mir bewußtzumachen, daß es noch Schlimmeres gibt.«

»Ich hoffe nur, du tust es nicht, um dir meine Gefährdung vor Augen zu führen.«

»Ach nein … Aber was mir so durch den Kopf geht dabei, das betrifft natürlich auch dich. Und dann treibt mich die Angst nach Hause, daß dir inzwischen was zugestoßen sein könnte.«

»Wie absurd! Das ist doch kein Leben!«

»Es ist genauso absurd wie jedes andere Unglück. Jedes reale und jedes eingebildete. Und was heißt absurd? Mysteriös ist es! Unbegreiflich. Zumindest vorläufig. Noch sind ja nicht alle Einzelheiten bekannt. Aber eines Tages könnten sie's sein. Und dann alles sehr logisch erscheinen, allzu logisch.«

»Ich lebe doch völlig zurückgezogen. Wie könnte ich mich besser schützen?«

»Auch dein Freund hat zurückgezogen gelebt.«

»Wie man's nimmt; er war Junggeselle. Als solcher hat man doch immer Gesellschaft. Wie soll man sich denn verhalten? Soll man die harmlosesten Bedürfnisse unterdrücken? Ist es nicht besser, die Gefahr zu akzeptieren, ja, sie geradezu herauszufordern? Schließlich sterben wir nur einmal. Und ist das nicht leichter, als täglich tausendmal zu sterben?«

»So siehst du es. Du kannst auch mit der Verzweiflung leben. Sie erhöht vielleicht sogar deine Widerstandskraft. Aber ich kann das nicht. Ich brauche meine Sicherheit. Brauche eine winzige Hoffnung.«

Sie zündet sich eine Zigarette an, drückt sie gleich wieder aus, öffnet die Bluse. Ihre schönen langen Finger leuchten auf dem nachtblauen Grund der Seide. Ein metallischer Reflex huscht über ihren Hals. Sie senkt den Blick. Müdigkeit verdunkelt ihre blauen Augen.

»Verzeih, ich bin eben wieder etwas nervös. Aber auch dein Arbeiter, dieser Valentin Nanu … irritiert mich. Habe so ein Gefühl, als würde er uns ins Unglück stürzen.«

»Was für ein Unglück? Er hat unsere Jalousie repariert – das war doch ein Glück. Ohne ihn wäre sie immer noch blockiert. Und das hätte dich mehr genervt als sein, zugegeben, befremdliches Erscheinen.«

»Ich hab' ja auch nichts gegen ihn. Ich sagte bloß, was ich gerade dachte – all die Schikanen, die Scherereien, er scheint sie geradezu magnetisch anzuziehen.«

»Man kann doch nicht jedem mißtrauen! Nicht vor allem, was einem fremd ist, gleich zittern! Auch das Unvernünftige ist manchmal notwendig ... damit die Wunden wieder mal aufreißen! Die Berührung mit dem Schmutz, mit dem Staub, der Brutalität, der nackten Wirklichkeit. Mit Müll und Mikroben, mit dem ganzen Gewimmer des Banalen. Das Gegengift, das aus Ansteckung gewonnen wird und das man zur Regenerierung braucht, ohne die wir doch ...«

»Mag sein; nur muß man das können! Auf mich jedenfalls wirkt er, gelinde gesagt, lähmend.«

Langes Schweigen. In bedrohlicher Nähe der Wahrheit. Eine winzige Spanne nur bis zum Absturz in Aggression. Die Treue und die vornehme Zurückhaltung der Partnerin bringen ihn, wie so oft schon, in Verlegenheit; dieser geheimnisvolle Stolz, diese unnahbare, unbeirrbare Strenge. Doch seine Neurosen unterscheiden sich nun einmal von ihren, in ihm kribbelt es, drängt es zur Entladung, zu raschem und endgültigem Bruch.

»Ich beobachte ihn mit höchstem Interesse; mag er noch so grindig sein. Vielleicht gerade darum. Sonst komme ich ja nur flüchtig mit solchen Leuten in Berührung. Und trotzdem: ich spüre etwas in mir pulsen, etwas Schmerzhaftes, ein Gemisch aus Auflehnung und Resignation, das sich gerade mit diesen Menschen solidarisiert. Wenn auch nur für Momente ...«

»Nun fehlt nur noch, daß du mir wieder asoziales Verhalten vorwirfst, meine Gleichgültigkeit deinen Betrachtungen gegenüber, meinen Horror vor Demütigungen, meine Gefühllosigkeit. Daß ich kein Leid ertragen, daß ich es nur verabscheuen kann? Jawohl, ich verweigere jedes Mitgefühl, solange ich selber nichts unternehmen kann. Und ich kann nichts unternehmen, weil meine Kraft kaum für mich selbst ausreicht. Weil meine eigene Schwäche mich schreckt.«

Der Ehemann zieht sich zurück, verschanzt sich zwischen Büchern. Gegen Mitternacht tritt er auf den Balkon hinaus. Starrt lange in den schwarzen Himmel. Kommt ins Schlafzimmer zurück. Starrt zur Decke hinauf, starrt auf die Wände. Alles schwarz. Chaotisches Gedankengeflatter. Gewirr von Farben und Figuren auf einem Bildschirm aus phosphoreszierendem Filz.

Und der Zeitfresser, tick-tack, tick-tack, frißt ihm den Schlaf weg, macht ihn schlaflos. Diese unersättliche, unbestechliche Kröte. Tick-tack, tack-quak, quak-quak. Klettert die Wand hoch, mit grünen, schlüpfrigen Schenkeln, feuchten, rhythmisch plinkernden Glubschaugen, tack-quak, tack-quak. Und mit rhythmisch schnappenden Kiefern, tack-quak, tack-quak. Und immer mehr Kröten, überall kleben sie schleimig, phosphoreszierend an den Wänden von phosphoreszierendem Filz, glotzen argwöhnisch durch ihre dikken Linsen, pulsen in konstantem, amphibischem, infernalischem Takt. Mit winzigen Köpfen, Wange an Wange. Lauter identische Fratzen, höhnisch grinsende. Und nun reckt er auch noch die Zunge – o nein, das ist zu viel! Was nehmen sie sich heraus, was suchen sie da zwischen diesen ... ein-, zweimal noch das Tick-Tack, und weg ist der Spuk. Doch das graue Gesicht bleibt, reckt immer noch schamlos die Zunge!

Riesiger, grünlich filziger Bildschirm. Wild zuckende Blitze, weiße und rote Blasen. Verschwunden die Krötenköpfe, verschwunden jetzt auch der unverhoffte

Gast. Aus waberndem, brodelndem Sumpf hochzischende, giftgrüne Dampfgarben.

Und noch einmal kurz das Tick-Tack, dann wieder ganz nahe, Gesicht an Gesicht, der Gast.

In Gala. Anzug aus dünnem, dunkelblauem Stoff, chinesischer Schnitt, hochgeschlossene Jacke. Die Wangen frisch rasiert, das Haar in sauberem Bürstenschnitt. Eine Aufmachung wie für eine Festveranstaltung, aber die Hände zwei Kellen voll stinkendem Schlamm, frisch aus dem Gully gehoben.

Unablässig bückt er sich, greift hinab in den dunklen Schacht, hievt einen neuen Schlag Exkremente herauf, kippt ihn sorgfältig neben den Rinnstein, ohne seinen tadellosen Anzug zu beschmutzen. Verwirrt sieht der plötzlich neben ihm aufgetauchte Fußgänger zu, aber das läßt ihn kalt. Mit einem geringschätzigen, doch bestimmten Wink bedeutet er seinem Zuschauer, daß er noch ein bißchen zu tun habe, sich also nicht um sonstwas kümmern könne.

Dann bückt er sich wieder, verschwindet sein Arm wieder im Gully. Kommt wieder zum Vorschein, der Rücken strafft sich, ein kurzer prüfender Blick auf die neue Portion Scheiße in der Hand, bevor er sie sorgsam neben dem Gehsteig ablagert. Einmal, zehnmal, unzählige Male. In gleichmäßigem Rhythmus, wie ein beseelter Roboter unter dem Zwang großer schwarzer Augen.

Gleichmäßige, genau abgezirkelte Bewegungen, ohne die Eleganz und die Festlichkeit des Anzugs und die Vornehmheit des Gesichts auch nur im geringsten zu gefährden. Und noch einmal und noch einmal und wieder und wieder, bis der Zuschauer sich erbricht und ohnmächtig in den von Horizont zu Horizont reichenden Sumpf fällt. Und im Sturz noch, deutlich hörbar, die Frage des Arbeiters Valentin Nanu:

»Sprechen Sie doch, was haben Sie denn?« Erst wie ein schüchterner Befehl, dann, nach kurzem Abwarten von neuem, mit ironisch-nachsichtigem Stimmfall: »Warum reden Sie nicht, rücken Sie doch heraus mit der Sprache, lassen Sie mich doch wissen...«

Aber der Angesprochene bringt keinen Laut über die Lippen, keine Silbe, obwohl es irgendwo in seinen Eingeweiden vor lauter Wörtern brodelt, die alle zur Stimme drängen, geknebelte Laute, ganz dicht schon am Wort. Aber – es ist ein Wunder! – Valentin Nanu versteht es auch so, verbindet die unausgesprochenen Wörter zu klaren Sätzen. Sein Gesicht ist plötzlich verschwunden, doch deutlich seine Stimme zu hören, deutlich sichtbar auch seine großen, immer wieder Dreck hochschaufelnden Hände, und so übersetzt er ruhig und sicher dem Stummen seine Stummheit:

»Man hat also diesen Mann, den Dichter, Ihren Freund, tot in seiner Wohnung aufgefunden. Nackt auf seinem Bett. Jawohl, nackt, ich habe Sie verstanden. Ich sagte doch, ich habe Sie verstanden, Sie brauchen es nicht sooft zu wiederholen. Nackt und tot auf seiner Liege. Auf dem Tisch zwei Gläser und eine Flasche Rotwein. Hab's verstanden, alles verstanden, ist doch gar nicht so kompliziert. Aber sprechen Sie weiter, mal sehen, was Sie noch wissen. So reden Sie doch!«

Kein Gesicht. Nur die riesigen Hände, die Kellen voll stinkendem Schlick, und groß und blöde auf dem Schlick hockend eine stinkende Kröte.

»Sollte demnächst zu einem Kongreß? Nun gut, vielleicht hab' ich nicht richtig gehört. Also dann kein Kongreß, soso, sondern ein großes Dichtertreffen, ist ja egal. Und den Paß, alle Papiere soll er auch schon gehabt haben. Ich verstehe. Aber da war die Tür verschlossen. Die Nachbarn, seine Mutter, soso, haben sie aufgebrochen, ich verstehe. Die Mutter, die arme, war eigens aus der Provinz angereist. Um sich von ihrem Jungen vor der Reise ins Ausland zu verabschieden, habe alles verstanden. Doch er hat sie nicht, wie gewöhnlich, vom Bahnhof abgeholt. Verständlich, daß sie sich gewundert hat. Natürlich auch gewundert, als niemand auf ihr Klopfen, ihr Klingeln öffnete. Erst die Nachbarn, jaja, die Nachbarn, dann der Gerichtsarzt, der Staatsanwalt, alles klar. Und keine Autopsie angeordnet. Obwohl die Mutter das wollte? Wie war das genau, hat sie sich damit abgefunden oder hat sie darauf bestanden, so sprechen Sie doch, es geht um einen entscheidenden Punkt, los schon, sagen Sie alles, was Sie zu sagen haben.«

Abgehacktes Verhör, Wort für Wort verdeutlicht die Gedanken des Sprachlosen, des Entsetzten, der dort am Rinnstein neben dem Arbeiter und doch zugleich hier im Raum steht, irgendwo hier vor diesem Bildschirm aus leuchtendem Filz, über den dieser Alptraum flimmert. Hier sein, nicht wissen, wo sein, und doch zugleich dort, am Rand des Gullys, mit gelähmter Zunge in einem tosenden Kreisen von gleichzeitigen Gedanken … alles weiß der andere, alle Einzelheiten … die blauen Flecken auf dem ganzen Körper, die Brandmale in die Haut eingedrehter Zigarettenglut, an einem der Becher Spuren von Lippenstift, und dann die vielen Gerüchte. Gewiß, ein eigenbrödlerischer, schweigsamer Mensch, vielleicht allzu schweigsam, allzu beherrscht, gewiß, gewiß. Und dann die Einsamkeit – das ist ebenfalls klar. Auch daß er gesund war, kerngesund. Nimm auf, o Herr, deinen Knecht, nimm ihn an, ohne letzte Ölung und ohne Abendmahl, nimm ihn zu Dir, den von uns Gegangenen, o Herr, sei seiner Seele gnädig, die Litanei des Popen, gewiß, gewiß, und das kleine Trauergefolge, die sonderbare Beerdigung, und dann diese zwecklosen Friedhofsbesuche, die Dame ist allzu emotional, sie sollte es bleiben lassen, es ist wirklich zwecklos. Niemand wird das Geheimnis lüften, Ihre Gattin zermartert sich vergebens ... ohne Ölung und ohne Abendmahl, so ist ... war es nun einmal. Gerüchte und Tratsch gibt es natürlich immer, so sind halt die Leute, feige und tratschsüchtig. Und diese Flasche, diese suspekten Gläser, all diese undurchsichtigen Einzelheiten, wie sollte sich da...

Anstrengung, diese Flut zu stoppen, diese gegen seinen Willen ausgelöste Brandung. Kalter Schweiß, in dünnen, klebrigen Fäden, Ohnmacht und Nebel, und gestorben die Zeit, zerfallen das Fleisch, zerstoben, verloren, dann, irgendwoher, das Glöckchen. Ein zirpendes Glöckchen, ein Gebirgsquell, das Klopfen des Hackbretts aus einem nahen Kloster, die Kuhglocken von der Alm, Pferdegetrappel, Schulglocke, Kirchenglocke, die Glöckchen der Schafherden, die Schellen der Kinder ... Die Türklingel! Die Türklingel läutet...

Stille. Und wieder die Klingel. Kurz und kaum hörbar, ein winziges Zirpen.

Er krallt die Hand in den Bettrahmen, um den Bettrahmen zu spüren, die solide

Stütze, der Beweis, daß du existierst, nicht mehr gepackt, nicht mehr hinausgeschleudert wirst ins Nichts. Er tastet nach seinen Sachen, zupft die Hose zurecht, das Hemd, seine Füße finden die Hausschuhe. Benommen wankt er zur Tür. Tatsächlich, die Nacht ist vorbei, der Tag angebrochen, deutlich das Ticken des Zeitfressers vom Nachtkästchen, tick-tack, es ist Tag, kein Zweifel.

An der gegenüberliegenden Wand, drei Schritt weit von der Schwelle, der schüchterne Besucher. Wie … aber wie? War er doch noch … wo nur? Und was hatte er dort zu suchen … und nun, so schnell, so plötzlich … Wer weiß, ob da nicht … Der Besucher tritt näher. Bückt sich nach der alten, abgewetzten, mit Werkzeug bis zum Bersten vollgepackten Ledertasche. Ein Schritt noch, und schon steht er im Flur, ein kurzer Gruß, und schon in der Wohnung.

»Mann, woher wußten Sie …? Is' schon recht, behalten Sie doch die Schuhe an, und lassen Sie die Tasche … Die Rotweinflasche war nur halb ausgetrunken, und da stimmt doch was nicht: nämlich nicht zugekorkt, und das hätte er nie unterlassen, niemals, verstehen Sie!? Wer ihn gekannt hat, der kann das beschwören. So lassen Sie doch die Tasche. Schon gut, bin eben erst aus den Sümpfen gekrochen, aus dem Schlaf, kommen Sie, setzen Sie sich. Erst den Kaffee, jawohl, dann sehen wir weiter…

Der eine trinkt Kaffee, der andere Tee. Heimlicher Blickwechsel, aus gleicher Verlegenheit. Mürrisch beantwortet der Handwerker die Fragen nach seiner Gesundheit, nach den Gerichtsverhandlungen, nach dem jüngsten Präsidialerlaß, der die gesetzlich zugelassene Höchsttemperatur in Wohnungen auf 12 Grad beschränkt. Dann zieht er den bekannten Faszikel aus der prallen Ledertasche, legt ihn auf den Tisch und macht sich an die Arbeit. Repariert den Lichtschalter am Schreibtisch, klebt die Kacheln im Bad fest.

»Und was machen wir mit dem Balkon?«

»Abwarten! Habe schon beim Gericht Einspruch erhoben. Sind doch wenigstens zehntausend Bukarester in der gleichen Lage. Haben wie ich ihre Balkone verglast, um noch ein bißchen Wohnraum zu gewinnen. Und zwar mit ausdrücklicher Genehmigung ihres Bezirksamtes. – Jetzt sollen sie die Glaswände wieder demontieren. Bloß weil so'n Hergelaufener, Sie wissen schon, wen ich meine, bei einer Spazierfahrt durch die Stadt, vermutlich in schlechter Laune, vielleicht nur durch einen Wink, die Entfernung aller Verglasungen angeordnet hat. Dabei haben wir unseren Balkon doch schon so vorgefunden, als wir vor acht Jahren diese Wohnung bekamen ... Was übrigens auch in der Zuweisung vermerkt ist. Sollen doch die Genossen vom Bezirksamt sie demolieren! Das soll ja ihre neueste Praxis sein – und zwar nach Erhebung eines Bußgeldes in Höhe eines Monatslohns!«

Der Schmächtige scheint es zu überhören. Er wäscht sich die Hände, schüttelt sie trocken. Nimmt hastig, aber abwesend den Hundert-Lei-Schein entgegen, steckt ihn wortlos ein.

»Hab's eilig, soll noch zum Staatsanwalt.«

»Zu welchem Staatsanwalt?«

»Zu Ihrem Nachbarn. Zu dem da, genau unter Ihnen. Der hat nämlich seine Wohnung vergrößert, hat die daneben dazubekommen. Hat jetzt doppelt soviel Wohnraum wie Sie und der Professor zusammen.«

»Ach so, den Vorsitzenden des Mieterkomitees meinen Sie. Ein freundlicher Mensch.«

»Aber ein Geizhals, das sag' ich Ihnen. Seit Jahren arbeite ich schon für ihn. Staatsanwalt, denk' ich, wer weiß, ob man ihn nicht einmal brauchen wird. Muß jedesmal mit ihm feilschen, bis wir's beide sattkriegen – nachgegeben hat er noch nie.«

Und schemenhaft, wie er aufgetaucht ist, verschwindet er wieder, der Arbeiter Valentin Nanu. Weg ist er – und nicht wieder auffindbar. Auch nachts nicht, am Gully, im Kampf mit dem dampfenden, stinkenden Schlick.

Aber eines Nachmittags, im Winter, wieder das eigentümliche Klingeln. Als hätte jemand den Klingelknopf versehentlich angetippt und den Finger erschrocken wieder zurückgezogen, oder wie einer, der sich nicht recht anzuläuten traut. Dann der Blick durch den Spion, die schemenhafte Gestalt an der gegenüberliegenden Wand, die enge graue Jacke mit den zerknitterten Kragenaufschlägen, darunter das weißleuchtende Hemd, die Schlotterhosen, die herabhängenden, neben dem schmächtigen, dürren Körper etwas zu lang wirkenden Arme, unter dem kurzgeschorenen Haar, im schmalen Gesicht, die tiefliegenden Augen, und diese alten, klobigen, gründlich gewienerten Schuhe. Aber kein Mantel. Er muß den Blick durch den Spion bemerkt haben, denn nun kommt er an die Tür, murmelt: »Ich bin's.«

Die Frau öffnet die Tür einen Spalt breit, starrt den Besucher erschrocken an:

»Ach, Sie sind's! Tut mir leid, aber mein Mann ist nicht zu Hause.«

Das Phantom rührt sich nicht, bringt keinen Laut hervor.

»Tut mir wirklich leid; bei dieser Kälte. Sie hätten telefonieren sollen. Dann hätte ich Sie für später bestellt. Mein Mann kommt erst gegen Abend. Er wird Sie dann sofort anrufen. Oder rufen Sie morgen früh an.«

»Nun, eigentlich wollte ich ... nun ja, mit Ihnen wollte ich sprechen.«

»Mit mir?« Und nach einem verdutzten Blick: »Bitte sehr,dann treten Sie doch ein!« Sanfte, freundliche Stimme, doch mit abweisendem Unterton, als wolle die Frau ihre Aufforderung wieder zurücknehmen.

Der Mann läßt sich Zeit, zögert einen Augenblick, tritt zur gegenüberliegenden Wand, bückt sich nach der dicken Ledertasche, kommt mit ihr zurück, tritt ein. Steht schon in Socken da, die Schuhe in der Hand.

»Treten Sie ein, nehmen Sie Platz. Gleich bin ich wieder da.«

In einer weiten roten Strickjacke erscheint sie wieder. Es ist eisig kalt in der Wohnung. Auf einem Sessel liegt die Wolldecke, in die die Frau gehüllt war, als es klingelte.

»Ich habe an Sie gedacht, weil Sie ja eine feste Anstellung haben. Vielleicht können Sie da was für mich erreichen.«

»Ich verstehe Sie nicht. Sie sind doch selbst angestellt. Was sollte ich da für Sie ...«

»Es geht ja auch nicht um meine Person ...«

Um seine Tochter geht es. Demnächst wird sie mit ihrer Schule fertig, Wirtschafts- oder Handelsfachschule; läßt sich eh nicht auseinanderhalten. Und dann braucht sie eben einen ruhigen Arbeitsplatz unter ehrlichen Leuten.

»Aber wir stellen niemanden ein. Im Gegenteil, es werden immer mehr Leute entlassen. Und niemand könnte sagen, nach was für Kriterien. Anfangs war es die Personalakte, dann waren die Besserverdienenden dran, dann die Kinderlosen, und jetzt – niemand mehr kennt sich aus. Hat man Ihrer Tochter denn keinen Arbeitsplatz zugewiesen? Es werden doch immer noch alle Schulabgänger irgendwo eingestellt.«

»Klar, aber man wird sie in irgendein gottverlassenes Kaff verbannen, in eine popelige Fabrik, in ein Arbeiterinnenwohnheim oder so. Und da wird sie einfach fertiggemacht. Unter Fremden, bei dieser Wirtschaft, in diesen Zeiten. Sie ist doch noch ein Kind, ahnt nicht, was auf sie zukommt. Und bei bester Gesundheit ist sie auch nicht.«

Die Frau schweigt, kauert im Sessel, die Arme um die Brust geschlagen.

»Wenn es sein muß, verstehen Sie mich nicht falsch, würde ich ja auch ein bißchen nachschmieren. Heutzutage geht's anders gar nicht. Ich bin darauf eingestellt. Habe schon was zurückgelegt für alle Fälle. Vielleicht könnte man an einen von diesen kleinen Chefs rankommen, die manchmal noch etwas arrangieren können.«

»Ehrlich gesagt«, die Stimme der Frau ist jetzt klar und freundlich, »kenne ich keinen von diesen Leuten. Sie haben natürlich recht, aber in meiner Dienststelle kenne ich sie nun einmal nicht. Trotzdem will ich mich erkundigen, ich verspreche es Ihnen, vielleicht erfahre ich ja etwas. Rufen Sie mich in einigen Tagen wieder an. Besser noch: Mein Mann wird Sie sofort anrufen, falls sich in dieser Sache was tut.«

An einem Frühlingsmorgen schwitzt und keucht der Arbeiter Valentin Nanu bei der Demontage der Balkonverglasung. Solide, schwere Glas-Stahl-Rahmen, tief im Mauerwerk verankert. Stundenlang rackert er sich ab, mit Meißel und Zange, mit Hammer, Schraubenschlüssel und Schweißbrenner. Auch zerlegt sind die einzelnen Teile noch immer so schwer, daß sie seine Kraft überfordern.

»Prima Stahl, und so schönes Glas. Sie hätten die tolle Konstruktion wirklich retten sollen. So was wird doch längst nicht mehr hergestellt; schade drum.«

»War einfach nicht möglich. Allerhöchster Befehl. Selbst die Gerichte reagieren verstört auf jeden Einspruch.«

»Wozu sich an die Gerichte wenden!? Sie wissen doch, daß das nichts bewirkt. Also muß man jemanden finden, der dafür sorgt, daß der Einspruch einfach verlorengeht, sich zwischen sonstigen Papieren verirrt. Kostet natürlich ein schönes Schmiergeld. Schon mancher Balkon ist so gerettet worden.«

»Weiß ich doch; aber die gehörten alle zu Seitenflügeln, waren von der Straße aus nicht zu sehen.«

»Gerichte – die reinste Pest! Überall Lüge, überall Schmiergelder.«

»Aber Sie haben sich doch auch ans Gericht gewendet! Obwohl ich Ihnen abgeraten habe. Ich hatte ja sehr starke Zweifel am Erfolg. Dennoch haben Sie sich durchgesetzt. Waren aber trotzdem nicht zufrieden. Haben weiter prozessiert.«

»Na und! Solange es noch irgendwie klappt, schmiert man die ganze Leiter, arrangiert, was sich mit den kleinen Schurken arrangieren läßt. Aber bei mir klappte das eben nicht mehr. Hab' Ihnen doch alles erzählt. Als ich noch jung war, hab' ich mich mit diesen Kleinen noch angelegt; als ich älter wurde, auch mit den Größeren. Nie an Bestechung gedacht, denn damals nützte es noch, auf den Putz zu hauen. Aber längst schon geht's nur noch mit Schmiergeldern, nur noch, wenn man jemandem einen Vorteil verschaffen kann. Aber auch das nur bis zur vorletzten Etage. In der allerhöchsten, wo Geld und Beziehungen keine Rolle mehr spielen, ja, also da muß man sich was anderes einfallen lassen, da findet man schwer eine Lösung. Man spürt, daß da andere Spielregeln herrschen. Daß die althergebrachten Tricks da nicht wirken. Daß man da, Zug um Zug, anders vorgehen muß.«

Erschöpft bückt er sich zum Zementboden hinab, sammelt die Glasscherben, den Schrott ein, redet dabei hastig, doch ohne aufzublicken, weiter.

»So weit also mußte es mit mir kommen. Nach allem, was war, nach all dem Elend, ein ganzes Leben lang. Irgendwann spürst du, daß man da andere Hebel ansetzen müßte. Aber wer hätte die schon? Ein

Glück, daß irgendwo über dieser Leiter eine ganz andere ...«

Er verstummt. Weiß nicht, ob er sich klar ausgedrückt hat, will präzisieren.

»Irgendwo«, sagt er nach langer Pause, »muß es doch Hoffnung geben, verstehen Sie? Irgendwer muß auch an unsereinen denken, wo doch alles kaputt, alles verschütt ... «

»Vielleicht glauben Sie an Gott. Habe das nicht bedacht, will sagen: Es wäre mir nicht eingefallen, daß Sie ....«

»Weiß ich's? Kann sein. Was bliebe uns sonst? Sonst haben wir doch rein gar nichts, das sehen Sie doch selber. Alles besudelt, alles!«

Zum ersten Mal weist er den Kaffee nicht zurück. Schlürft gierig den heißen Trank.

»Haben Sie übrigens etwas für das Mädchen tun können, ich meine, für Ihre Tochter?«

Er erstarrt mit der Tasse in der erhobenen Hand, zögert mit der Antwort.

»Ob Sie etwas für sie gefunden haben? Sie hatten sich doch Sorgen gemacht, waren bedrückt.«

Er strafft sich, setzt die Tasse ab, steht auf. Hastig sammelt er seine Siebensachen ein, scheint es sehr eilig zu haben, aber dann überlegt er noch einmal, scheuert mit beiden Händen seine Hosenbeine.

»Geheiratet hat sie, was sonst! Hab' sie ja abhalten, ihr was Gescheiteres einreden wollen. Blöd ist sie, was kann man da machen. Nun hat sie ihren Blödmann. Und wie eilig sie's hatten, allen zu zeigen, wie blöd sie sind. Aber nun hat sie den Schlamassel, steckt bis zum Hals drin. Gleich alles auf einmal: die nackte Armut, das Fließband, den Mann. Ein Jammer. Ich hätt's ihr anders gewünscht. Ein Riesenjammer!«

Überstürzt stopft er sein Werkzeug in die Tasche. Fegt den Boden, steckt die beiden Hundert-Lei-Scheine ein. Schlüpft in die Jacke, nickt kurz, fertig. Verschwunden ist er. Keine Zeit. Bei Tag muß man kämpfen, nicht die Zeit vertrödeln.

Doch nachts kommt er wieder. Und immer öfter. Steigt allmählich, von Dämpfen umwölkt, aus einem pechschwarzen Schacht, nähert sich, nimmt die vertraute Gestalt an:

klein, schmächtig, mit langen Armen, jungenhaft kurzgeschorenem Haar, strengem Blick.

Unerwartet, doch immer erst nach einer Phase der Inkubation. Schlaflosigkeit, konfuse Bilder und Zeichen, tick-tack, tick-tack, die offenen Augen ins Dunkel starrend, auf den filzigen, phosphorschimmernden Bildschirm. Langsam verdichtet sich die Erscheinung, gewinnt Kontur. Langsam, sehr langsam wird die Ungewißheit zur Gewißheit:

Im schneeweißen Overall eines Fallschirmjägers. Mit weißfunkelndem Helm im Arm. Nähert sich – unglaublich! –, nähert sich der Tribüne. Der menschenleere Platz dehnt sich plötzlich. Dehnt sich immer weiter – und gestochen scharf jetzt die Silhouette des Männchens auf dem schwarzen Podium.

Keine Geste. Gestochen scharf der winzige, bleiche Kopf, die vertrockneten Lippen. Steif die Gestalt. Und nun beginnt sie zu sprechen. Gleichmäßig abgezirkelt die Sätze, die Stimme leise und monoton.

»Schmeichelt uns nicht mehr, das haben wir satt! Behängt uns nicht mehr mit Engelsflügeln und goldenen Litzen!«

Der Filzschirm pulst bebend im Rhythmus der Rede, doch die Stimme bleibt leise und flach. Und rundum wogt es von grünlichem Schlamm, von schwarzen, ölig-klebrigen Schäumen.

»Verbrennt alle Litzen und Engelsflügel! Die Proletarier wollen sich nicht mehr vereinigen, sich nicht mehr rächen! Wir haben die Maskerade satt! Laßt uns endlich in Ruhe! Hört auf mit Versprechungen und Terror! Sagt endlich die Wahrheit über uns! Unsere kleine Wahrheit, klein wie wir und ihr! Wir sind nicht besser! Überlaßt uns der Hölle! Und wir wollen die Erde überfallen. Nackt, ohne Uniform, laßt uns in Ruhe!«

Hunderte von Lautsprechern verstärken die pathetischen Appelle. Aus Hunderten von Lautsprechern die gleiche, schwache, schüchterne Stimme. Nichts als Lautsprecher auf dem menschenleeren Platz. Das Männlein krümmt sich, führt die Hand vor den Mund, hustet. Einmal, noch einmal, und die Lautsprecher husten mit, einmal, noch einmal. Und noch und noch und noch einmal, Hunderte Male aus Hunderten von riesigen Blechtrichtern auf Hunderten von Masten.

Dann kurze Stille. Und wieder die Stimme, langsam sich aufrappelnd zu monotonem Geflüster.

»Überlaßt uns uns selber, wir wollen die Welt nicht beherrschen, die Menschheit nicht erlösen. Reißt uns die Schwingen des Paradieses von den Schultern, verbrennt unsere goldenen Litzen. Mogelt euch nicht mehr zwischen uns, hört auf mit euren Versprechungen und eurem Terror. Und nehmt uns endlich die Uniform ab, die Wahrheit ist klein!«

Ein neuer Hustenanfall dröhnt aus den blechernen Trichtern, donnernde Brandung von allen Seiten. Der Bildschirm verdunkelt sich, das Männlein verschwindet. Und ist im nächsten Augenblick wieder da, sitzt auf einem Schemel mitten auf dem Platz.

»Die Jalousie ist repariert. Und zwar gründlich, verläßlich!« Sanfte Stimme, unterwürfiger Tonfall, aber mit hinterhältigem Spott. »Ich war wohl ein interessanter Fall? Sie waren so nett, mir zuzuhören, mich zu verstehen. Ein Experiment mit einer Stimme aus dem Untergrund? Ein Maulwurf als Spielzeug? Wie langweilig, todlangweilig, aber jetzt nehmen Sie sich wohl lieber in acht? Sie können mir nicht helfen, wir können uns gegenseitig nicht helfen. Unsere Schule ist die Angst, der Egoismus, und so erwürgen wir uns.«

Fahrig knetet er seine Finger. Hämmert mit den weißen Adidas-Schuhen auf den weißen Helm zu seinen Füßen. Und hat plötzlich eine riesige Kröte in den Händen, groß wie der Helm. Und schmeißt sie jetzt in den weißen Topf. Ein Knall – Kröte und Helm sind verschwunden. Das Männlein beruhigt sich, starrt ins Publikum, sein Gesicht kommt näher, sprengt den Bildschirm, er fährt sich mit allen zehn Fingern durch die Haarbürste, wischt sich die Hände am Overall ab. »Sie trauen sich nicht an mein Grab, besuchen ja nicht einmal Ihren Freund, jenen Dichter. Aber vielleicht entscheide ich mich, löse ich die Katastrophe aus. Mag alles zum Teufel gehen! Alles, alles in unseren Friedhof!«

Der Bildschirm erlischt, flammt wieder auf. Nacht für Nacht. Der Arbeiter Valentin Nanu hat nur noch nachts Zeit für seine Besuche. Tagsüber gibt es nur Scherereien, Maloche, Gerenne. Doch nachts besucht er seine Freunde immer wieder, überrascht sie mit seinen Verkleidungen.

Und immer häufiger werden diese Notturnos. Es gibt kein Gegenmittel, keinen Schlaftrunk, keine Beruhigungspillen. Weder Lektüre noch Alkohol...

Dafür läßt er einen bei Tag in Ruhe. Man vergißt ihn beinahe, erwähnt ihn kaum noch. Selten nur fällt noch die Frage: »Wie mag es wohl deinem Arbeiter gehen? Ob der wohl überhaupt noch an uns denkt?«

Der Ehemann antwortet nicht. Und über seine nächtlichen Begegnungen wünscht er nicht zu sprechen. Er weiß, daß seine Partnerin viel zu empfindsam ist für solche Berichte.

Sooft eine kleine Reparatur anfällt, sagt er, er hätte ihn anzurufen versucht, aber nicht angetroffen. Die Ehefrau läßt es gut sein, sie mochte diesen anämischen Handwerker ohnehin nie recht leiden. Und so bleiben die Besuche des Arbeiters Valentin Nanu bei Tag gänzlich aus, selbst sein Name erscheint bloß noch in jenen nächtlichen Traumstürmen, die regelmäßig und mit grausamer Gleichgültigkeit den Schlaf überfallen.

Eines Morgens jedoch, ebenso plötzlich wie das erste Mal, die Klingel.

Ein kurzes, schüchternes Zirpen. Wie eine flüchtige Berührung der Membrane des Tages. Fast nur gehaucht, wie damals. Lange Pause, dann wieder der zirpende Ton. Endlich regt sich was in der Wohnung hinter der Tür. Schritte schlurfen heran, ein leises Geräusch am Spion.

Gegenüber der Schwelle, an die Wand des Korridors gelehnt, ein langer, aschgrauer Raglanmantel. Aus dem engen Kragen ragt ein bleiches, eingefallenes Gesicht. Mit dichtem, ungepflegtem schwarzen Bart. Brandneues Leid im finster funkelnden Blick.

Dann, Blick in Blick, vorsichtiges Abwarten auf beiden Seiten.

»Sie haben meine Frau umgebracht«, murmelt der Graue.

Das Schweigen greift um sich wie ein flatternder, die ganze Welt umhüllender Schleier.

»Sie haben meine Frau umgebracht. Ja, ich wollte nur … nur das wollte ich Ihnen sagen.«

»Kommen Sie herein«, stammelt der andere.

Den Raglanmantel an den Kleiderhaken, die Ledertasche auf den Fußboden neben die Tür, die Schuhe zwischen Daumen und Zeigefinger geklemmt. Die Hände zittern. Der Bart bedeckt das Gesicht bis zu den Augen, ein struppiger, wilder Bart. Unaufgefordert setzt er sich. Berichtet hastig, abgehackt, in unzusammenhängenden Sätzen. Mit neuer Stimme, mit einer Heiserkeit, die Wunden schlägt.

Es ist der 16. März 1985, frühmorgens. Vorige Woche ist die Frau in der Klinik gestorben. Nach den gesetzlichen Bestimmungen hatte sie, als Frau über 40 und Mutter von vier Kindern, eine erneute Schwangerschaft abbrechen dürfen. Allerdings erst nach Vorlegung einer staatsanwaltlichen Genehmigung. Diese ist ihr jedoch, infolge neuer, nicht ganz eindeutiger Bestimmungen über das zum Schwangerschaftsabbruch berechtigende Alter erst nach fataler Verzögerung eingehändigt worden. Die letzten Unterschriften bekam sie am vorletzten Freitag. Nach ärztlichem Befund war ihr Gesundheitszustand unbedenklich, so daß der Eingriff für den folgenden Montag vorgesehen wurde. Montag mittag war sie bereits tot. Aber erst am Mittwoch wurde der Mann vom tragischen Ausgang der Operation benachrichtigt.

»Natürlich hatte ich der Bestie was versprochen. Sie wissen doch, wie das läuft. Aber bei meinem Aussehen wird er wohl bezweifelt haben, daß so ein armer Teufel wie ich überhaupt etwas lockermachen kann. Bestien im weißen Kittel. Den Kranken helfen? Daß ich nicht lache! Geld scheffeln wollen sie, nur das wollen sie. Erzählen mir was von einer Infektion, von einer nicht vorauszusehenden; so was behaupten sie, diese Schweine, und decken sich auch noch gegenseitig. Die Oberschwester habe am Samstag vorzeitig Feierabend gemacht, der diensthabende Arzt sich am Sonntag nur um die schweren Fälle gekümmert. All diese Ausreden. Aber ich habe mit ihren Bettnachbarinnen gesprochen; und die kannten die Wahrheit. Ich habe eine Akte zusammengestellt. Die sollen mir nicht so leicht davonkommen, diese Verbrecher!«

Der Arbeiter Valentin Nanu zieht ein Bündel Papier aus seiner Ledertasche. Der ärztliche Totenschein, die standesamtliche Sterbeurkunde. Die Erklärungen der Ärzte und der Schwestern. Die Notizen nach den Unterredungen mit den anderen Schwangeren aus dem Krankensaal, in dem seine Frau gelegen hatte. Das Memorandum an die Direktion des Hauptstädtischen Gesundheitsamtes. Das Memorandum an den Gesundheitsminister. Das Memorandum an den Obersten Gerichtshof. Das Memorandum an den Oberstaatsanwalt. Eine Denkschrift an die Weltgesundheitsorganisation. Eine weitere an den Patriarchen der Orthodoxen Kirche Rumäniens. Eine an den Generalsekretär der Vereinten Nationen.

Umständlich rechtfertigt er sich für seinen Besuch. Er will nicht länger stören, nur um was bitten, falls er sich das erlauben darf. Eine Bitte an die Ehefrau: Sie möchte doch, wenn sie wieder auf den Friedhof geht, zum Grab jenes Dichters, auch dem Grab der Valeria Nanu einen Besuch abstatten. Sie wird sich freuen, die Ärmste; er hat ihr soviel von der schönen Dame erzählt und von ihrem grundehrlichen Mann.

Dem Mann passen diese Friedhofsbesuche zwar überhaupt nicht, dennoch begleitet er am folgenden Sonntag seine Frau. Lange schlendern sie auf und ab durch die Seitenalleen, ehe sie die beiden Gräber aufsuchen. Sie legt ein Blumengebinde auf das Grab des Dichters. Dann suchen sie das andere Grab, finden es weit hinten, an der Friedhofsmauer, neben einem Wasserbecken. Die schwere Platte von schwarzem Marmor, mit Kerzen bestückt, mit Blumen bedeckt. Sie legen ein Sträußchen Maiglöckchen dazu und gehen.

Nachts darauf erscheint der Gast wieder. Sehr spät diesmal, im ersten Schimmer des Morgengrauens. Er steckt in Nadelstreifen und Schlips, ist frisch rasiert. Erläutert mit sparsamen Gesten und strengem Blick das Funktionieren der Anlage. Sauberkeit, Ordnung, Kontrolle, feste, aber erschwingliche Eintrittstaxen. Hilfsdienste, geschultes Personal. Ein leicht überschaubares, streng durchdachtes Projekt.

Und von Nacht zu Nacht, von Besuch zu Besuch immer ausführlichere Erklärungen, immer mehr Einzelheiten in komplexen Zusammenhängen.

Und immer tiefer die Irritation in der Beziehung. Eine krankhafte Verlegenheit hemmt die beiden. Sie vermeiden es, sich in die Augen zu sehen, sprechen leise, beschränken sich auf das Nötigste. Manchmal nur, gegen Abend, für Augenblicke, kauert sich der eine in den anderen hinein. Dann lösen sie sich voneinander, krampfigverlegen, tritt der eine an den rechten Rand des Bettes, der andere an den linken.

Schließlich ergreift der Ehemann die Initiative. Ein notwendiger Akt der Höflichkeit: Er beginnt, seinem Gast Gegenbesuche abzustatten, besucht ihn an seinem neuen Arbeitsplatz.

Nachts ist der Friedhof festlich beleuchtet. Mustergültige Ordnung. Sorgsam gepflegte Parzellen, gut lesbare Orientierungstafeln an Wegen und Stegen, die Gräber übersichtlich durchnummeriert. Für jeden Sektor genaue Beschreibungen. Blumenhandlung, Cafeteria, Garderobe von höchster Perfektion. Vernünftige Besuchszeiten, selbstverständlich nur für die Stunden der Nacht, damit niemand seinen täglichen Dienst, seine Familie zu vernachlässigen braucht. Die Eintrittsgebühr: 100 Lei.

Den Dienstleistungen angemessen. Natürlich Einheitstarif; keine Staffelung nach Alter, Geschlecht, Vermögen. Keine Protektionen, keine Mauscheleien, und jeder Bestechungsversuch wird sofort zurückgewiesen. Im Interesse der Rentabilität, der Selbstfinanzierung, der öffentlichen Zufriedenheit. Hier darf es kein Chaos geben, das gäbe die nächste Pleite, und alles ginge zum Teufel.

Und in kürzester Zeit ein enormer Fortschritt. Auch für freundschaftliche Gespräche gibt's kleine Inseln, da kann man über alles reden, und Angst kann nicht aufkommen. Aber Klatsch, leeres Geschwätz sind verboten. »Die Zeit drängt. Und die vielen alltäglichen Pflichten«, erklärt der Organisator und kämmt mit den Fingern sein kurzgeschorenes Haar. »Und es geht keineswegs um die Gräberfürsorge allein, es geht ebenso um die Bewohner der Gräber. Vollkommene Ruhe muß gesichert sein. Stille. Für die Regenerierung, für die Genesung. Wir stehen im Dauergespräch mit ihnen, bereiten sie auf den entscheidenden Moment vor. Hier hetzt sie niemand, hier können sie zu sich kommen, begreifen, warum sie unterlegen sind und wie sie wieder alles ins Lot bringen können. Sie haben mehr Zeit als wir, viel, viel mehr, hier stört sie keiner, und sie werden uns gewiß für unsere Mühe belohnen. Mit allen sprechen wir und allen helfen wir. Bereiten sie bestens vor, das werden Sie schon sehen, wenn sie erst einmal aufbrechen. Die Stille hier, die sie so lange ersehnt haben, garantiert perfekte Genesung, das versichere ich Ihnen.«

Er spricht mit verklärter Miene. Seine Worte haben Kraft und Frische gewonnen. Er strahlt Gelassenheit aus. Kommt näher, ganz nah, der Bildschirm zerreißt. Nur noch die Stille der Zukunft summt, tost, brodelt … Rote Dampfwolken drängen herein, umnebeln die Sicht, die ganze Welt bebt im Licht des wabernden Brandes.

Aber ein neuer Morgen zieht herauf, ahnungslos, unwissend, aus den großen Fenstern des Kalenders. Tick-tack, tick-tack, quakt rhythmisch die Zeitkröte auf dem Nachtkästchen.

»Schon wieder klemmen die Lamellen. Jetzt ist auch das andere Fenster kaputt.

Fenster, kaputt, Lamellen, Lamellen«, wiederholt die schlaftrunkene Stimme.

Ein kindlicher Seufzer, ein Stoß – und wieder beginnt es zu kreisen, das riesige Rad des Tages.

DIE BEFRAGUNG

Seit drei Tagen wurde sie nicht mehr geschlagen. Und auch in eine andere Zelle hatte man sie verlegt, in eine größere, in den ersten Stock. Sie durfte sogar vor dem Schlafengehen eine zusätzliche Stunde zum Rundgang in den Hof hinunter. Ein mürrischer Wärter hatte den alten Kübel durch einen neuen, einen emaillierten Eimer ersetzt.

Die Zelle war geheizt, beinahe wohnlich. Und das Mittag- und Abendessen besser. Am Nachmittag, zu der Zeit, da sie sonst geschlagen wurde, führte man die Gefangene ins Bad. Als sie zurückkam, war ein neues Laken übers Bett gebreitet, eine neue Decke lag darauf und neben dem Bett, sorgfältig gefaltet, neue Anstaltskleidung. Die Hauptüberraschung: zwischen den Kleidern versteckt das kleine Quadrat eines Spiegels und eine Dose Nivea-Creme.

Am Morgen des vierten Tages wurde sie unter Eskorte über mehrere Korridore, nach rechts, nach links, treppauf, treppab, wieder nach links, in einen Raum mit weißen, ölgestrichenen Wänden gebracht, der an ein ärztliches Sprechzimmer erinnerte. Da saß auf einem mit kaffeebrauner Wachsleinwand bezogenen Kanapee eine Frau. Sie rauchte. Offensichtlich hatte sie die Gefangene erwartet. Sie hätte eine frühere Studienkollegin sein können oder die Freundin irgendeines Bekannten, an die man sich dunkel erinnert … Eine geschlagene Stunde waren die beiden schon allein. Die Unbekannte machte sich Notizen in ein kleines Büchlein mit weißledernem Einband, das sie auf den Knien hielt. Ihr dünner kurzer Füllhalter, ein kleines Juwel, jagte übers Papier, ab und zu wippte ihr bleiches Knie hoch.

Dann erschien der Arzt. Abseits stehend und diskret lenkte die Unbekannte die Untersuchung.

Nach seinen Fragen zu schließen, mußte der Arzt Psychiater sein.

Die Unbekannte schien mit Bedeutung und Kompliziertheit aller Testmethoden vertraut zu sein und eine übergeordnete Stellung einzunehmen, da sie doch den Arzt durch einen einfachen Wink wieder entließ. Sie war es auch, die der Gefangenen den Grund der überraschenden Veränderungen während der letzten Tage erklärte.

Zu Beginn der zweiten Stunde forderte sie die Gefangene, die während der ganzen Zeit nackt vor ihr hatte stehen müssen, auf, sich zu setzen, und bot auch ihr eine von den Zigaretten an, die sie ohne Unterbrechung rauchte, verbot ihr aber durch eine knappe Handbewegung, sich ihren Kleidern zu nähern.

»Lassen Sie das. Das hat noch Zeit.«

Sie musterte die Nackte gründlich. Mit dem kühlen, neutralen Blick einer Expertin. Mit einem flüchtigen Lächeln beendete sie die Untersuchung.

»Tut mir leid, aber in drei Tagen kann ich Ihr Haar nicht nachwachsen lassen.«

Offensichtlich hatte sie die unerwartete neue Behandlung überwacht oder war zumindest informiert worden.

»Schade, daß man Sie geschoren hat. Hatten Sie schönes Haar?«

Sie akzeptierte, daß sie keine Antwort bekam. Ihre Fragen liefen wohl bloß auf amüsante Hypothesen hinaus. Wie mochte dieses Haar wohl vordem ausgesehen haben? Jetzt war es, obwohl die Gefangene noch jung war, gänzlich ergraut.

»Ansonsten haben Sie sich recht gut gehalten. Und allzu verbittert scheinen Sie auch nicht zu sein. Zugegeben: Das ist ein echter Sieg.«

Sie lächelte ihr zu wie einer armen Verwandten.

»Sie können jetzt Ihr Tagesprogramm selbst bestimmen. Nur baden müssen Sie jeden Abend. Es wäre unklug, das alles abzulehnen. Man hat Zeitungen, Zeitschriften in Ihre Zelle gebracht. Wir haben auch Schallplatten. Was möchten Sie hören? Ich notiere. Und falls Sie noch weitere Wünsche oder Bedürfnisse haben, will ich dafür sorgen, daß alles klappt.«

Sie zog einen Bogen Papier vom Schreibtisch, faltete es zweimal und schob es in die Brusttasche ihrer schwarzen, schwerseidenen, von einem breiten Ledergürtel umspannten Jacke. Volles Haar bedeckte ihre schmalen Schultern. Etwas zu lange, nervige Finger, etwas zu lange, nervige Beine, bläuliche Schatten unter den Augen. Weißer Teint, extrem weiß, wie das milchige Weiß ihres wadenlangen Rocks.

»Wir bereiten Sie auf ein Gespräch vor. Von Bedeutung für Sie.«

Ihr Lächeln wurde spitz, zur Grimasse.

»Der Herr legt Gewicht darauf, daß Sie gut aussehen. Zumindest normal. Er haßt jede Gewalt. Ein Goldmensch, verstehen Sie.«

Ihr Blick veränderte sich, ihre Augen bekamen einen bläulichen Schimmer, wurden dunkler, ihre Stimme härter.

»Es handelt sich um eine Vergünstigung. Eine seltene Gelegenheit. Sie werden sehen ...«

Sie zündete sich eine Zigarette an, warf einen Blick über die Schulter auf die Gefangene, dann starrte sie durch das Fenster ins Leere. Plötzlich aber drehte sie sich mit verschränkten Fingern um. Mit einem flüchtigen Ausdruck der Erregtheit und Trauer. Und knallte die Tür hinter sich zu.

Sie kam nicht wieder. Das einzige Anzeichen dafür, daß sie sich trotzdem in nächster Nähe aufhielt, gab es erst nach gut zwei Stunden. Die Gefangene, die sich mittlerweile wieder angezogen hatte, saß auf dem Stuhl, ohne zu wissen, was sie nun zu tun hätte. Schließlich erschien ein Wärter, dem man offensichtlich befohlen hatte, sich höflich zu benehmen.

»Man hat Sie hier vergessen, ich bitte Sie, mir zu folgen.«

Sie fand ihre Zelle gelüftet und gefegt. Auf dem Zementboden lag ein Stapel Zeitungen und Zeitschriften.

Gegen drei Uhr nachmittags wurde sie bei ihrer Lektüre gestört. Unter doppelter Begleitung mußte sie wieder treppauf, treppab durch lange Korridore. Diesmal brachte man sie ins Bad. Aber nicht in den gewohnten Duschraum. An der Wand über der strahlendweißen Wanne hingen flauschige, bunte Frotteetücher. Und Seife war da und eine Menge Fläschchen. Weiche Pantoffeln. Als sie ihre Zelle wieder betrat, stand eine Kanne mit heißem Tee für sie bereit.

Tags darauf die Frage der Gesprächspartnerin, die das ganze Programm zu überwachen hatte: »Fünf Uhr nachmittags – das ist Ihnen doch recht?« Mechanisch, wie nach einem Operettenlibretto, als könnte sie die Absurdität aller Maßnahmen und Gespräche, mit denen man sie beauftragt hatte, nicht ertragen.

Und nun der erwartete Tag. Am Morgen brachte man die Gefangene in einen anderen Flügel des Baus. In einen komfortablen, mit weichen Teppichen ausgelegten Raum. Die Wände getäfelt. Sie wurde aufgefordert, in einem bequemen Sessel neben einem runden Tischchen mit schwerer Kristallglasplatte Platz zu nehmen. Der Tisch vibrierte, Silberbesteck und Teeporzellan klirrten leise. Ein Korb mit Hörnchen, Sauerkirschkonfitüre, Butter, Honig, Äpfeln, Biskuits.

Um zehn Uhr wurde sie zum zweiten Mal abgeholt und in den gleichen Raum gebracht. Diesmal Eier, Schinken, Gebirgskäse, Butter, Hörnchen, Savarinen. Sie hatte Zeit, den ausladenden Schreibtisch zu betrachten, der den Raum in seiner ganzen Breite beherrschte. Darüber eine große Uhr mit rundem Zifferblatt. Zwei Fenster. Schwere Gardinen. Drei Sessel, einer davon dicht am Rundtisch. Vor dem Fenster ein zweites Tischchen mit einem Zweistufenregal. Auf der unteren ein Radio. Und auf der schweren Kristallglasplatte Telefon und Tischlampe.

Mittagessen um 14 Uhr. Karpfenrogen, gefüllte Eier, Kalbsschnitzel, Zuika, Frikadellen, Würstchen, Gewürzgurken, Wein, Mineralwasser, türkisches Kleingebäck. Sie fiel in Ohnmacht. Erbrach sich bis zur Erschöpfung, fiel von neuem in Ohnmacht. Man geleitete sie zum Bad. Das gleiche wie gestern, und gleich nebenan, was sie nicht gedacht hätte. Ihr Kragen wurde gesäubert, Stirn und Schläfen rieb man ihr mit einem feuchten Handtuch ab. Dann wurde sie auf eine Gummimatratze gebettet, um sich zu erholen ... Auf dem Rückweg wurde sie gestützt. Auberginenmus. Frikadellen. Gefüllte Eier. Karpfenrogen. Zuika. Rum. Kalbsschnitzel. Wein. Torte. Alles kam wieder hoch. Diesmal fing man sie rechtzeitig auf. Sie setzte sich wieder. Griff nach Messer und Gabel. Nach der Flasche, nach den Gläsern, Glas um Glas. Als sie wieder zu sich kam, war der Tisch leer und blankgewischt. Nur eine schlanke schwarze Flasche stand darauf, auf dem Etikett aus Goldpapier: Gesichtswasser. Daneben ein winziges Fläschchen mit Parfüm. Sie sah auf die Uhr: 16.30 Uhr.

Also war sie beim Essen eingeschlafen, mit dem Kopf auf der Tischplatte. Sie zog ein Taschentuch aus der Tasche ihres Kleides. Neue, hauchdünne Taschentücher hatte sie bekommen. Und auch ein neues Kleid. Eine Art Hauskleid, lang und weit, aus schwerem, samtigem Stoff. Sie benetzte ihre Wangen, ihre Hände mit dem Gesichtswasser. Geschlafen also. Und wieder ein Blick auf die Uhr: 16.34 Uhr. Jetzt weiterschlafen. Jetzt erst hatte sie selbst das Bedürfnis, erschöpft vom Essen und Trinken. Was konnte jener wichtige Herr ihr schon sagen? Was bewog ihn, seine gewiß kostbare Zeit für sie zu verschwenden? Es wäre absurd, wenn er ihr mit den gleichen Fragen und Vorschlägen käme, absurd, aber nicht unmöglich. Eine Inszenierung, eine Farce. Aber sollte seine Exzellenz nicht doch mehr Schliff und Verstand haben als seine finsteren Untergebenen? Also noch unerträglicher sein als die Gorillas, die er befehligte. Bloße Pflichtübung auch für ihn! Um seinerseits weiter Bericht zu erstatten, den ganz hohen Chefs. Persönliche Kontaktaufnahme, persönliche Visite, persönliche Untersuchung, alles versucht, kenne nun alles persönlich etc. etc: Nun aber, seines Erachtens, sei nichts mehr zu machen, er empfehle Sofortmaßnahmen, keine Nachsicht mehr etc. etc.

So war's wohl. Nicht um irgendeine Begegnung, sondern schlicht um eine Täuschung, einen bösen Scherz ging es wahrscheinlich, um einen Nerventest. Vielleicht um einen letzten bösen Scherz, um die Mitteilung, daß man sie entlassen würde, sie nicht mehr brauche.

Aber da war doch jene Frau, jene gebrechliche Schönheit, die ihre Kollegin hätte sein können. *»Tut mir leid, aber in drei Tagen kann ich Ihnen das Haar nicht nachwachsen lassen.«* Welche Ironie! Wenn auch nur ein Augenblick Ironie. Sofort wieder zurückgenommen, mit irritierter, sich verfinsternder Miene. *»Hatten Sie schönes Haar?«* Die Frage war, obwohl sie nach Spott klang, frei von Hintergedanken gewesen. Eine schlichte, ernsthafte, fast warmherzige Frage. Wohl der überraschendste Moment der Begegnung.

Neun Minuten vor fünf. Falls es wirklich um mehr ging als eine neuerliche Nervenprobe, falls jenes höchstpolizeiliche Antlitz tatsächlich existieren und diesen Gesprächstermin festgesetzt haben sollte, falls es obendrein auch noch pünktlich kommen würde, so blieben noch neun Minuten. Was für Vorschläge, was für andere Fragen hätte er schon an sie richten können als die schon hundertmal wiederholten? Sie mit ihren Eltern oder irgendeinem Verwandten erpressen...

Und jener Mann ... Konnte man ihr überhaupt noch Schlimmeres antun? Würde er ihr je verzeihen, wenn sie, gegen alle Wahrscheinlichkeit, auch nur für einen Augenblick den Versprechungen und Lügen dieser Leute Glauben schenken, wenn sie auch nur für einen Augenblick ihrer Sehnsucht nach Freiheit nachgeben würde? Fest stand, daß man etwas mit ihr vorhatte, daß sie sich also auf alles gefaßt machen mußte.

In wenigen Tagen war es ihnen gelungen, sie in einen beinahe normalen Menschen zurückzuverwandeln, bereit, sich an die Normen des Anstands und der Höflichkeit zu halten, und fähig, ein Kleid zu tragen, einen Tisch zu decken, ein Essen zu servieren? Ja, der Tisch, die Tafel, hatte sie fertiggemacht. Die zum Erbrechen üppigen Gerichte. Raffiniert zusammengestellt, aus einem erstklassigen Restaurant. Ohne sie, wie sonst vor dem Essen, einer Hungerkur zu unterziehen. Im Gegenteil: Man hatte sie über mehrere Tage nach und nach darauf vorbereitet. Damit sie wieder lerne, sich beim Anblick eines gedeckten Tisches gesittet zu benehmen. Unter den Gerichten zu wählen. Nicht mehr zu schlingen, sondern zu genießen. Und sich schwelgerisch zurückzuversetzen in die guten Jahre in der guten Gesellschaft. Sich überwältigt zu fühlen von der Freundlichkeit der Welt ... sich still zu verhalten, zahm, unverbindlich, idiotisch. Fein ausgeklügelt. Also hatte sie es nicht mit den gleichen Monstren zu tun.

Ihr Trotz hatte in den letzten Stunden tatsächlich abgenommen, wie sie sich selber eingestand. Die Ohnmacht, der süße, würzige Wein hatten sie ganz taumelig gemacht. Benommen, wie ausgelöscht, war sie wieder zu sich gekommen. Sie hätte wochenlang durchschlafen können, in einem breiten, frisch bezogenen Bett, in einem großen und stillen Raum. Und ab und zu in einer Badewanne aufwachen, in warmem Wasser, wie heute nachmittag, mit kühlenden, erfrischenden Getränken in Reichweite.

Lautlos und sehr langsam öffnete sich die Tür. Nun waren es noch zwei Minuten. Sollte er etwa vorzeitig erscheinen? Es war bloß irgendein Handwerker, ein Pförtner vielleicht, der schüchtern und unterwürfig auf leisen Sohlen eintrat, oder ein Angestellter aus der Verwaltung.

Er schleppte Schachteln und Kartons von unterschiedlicher Größe an. Stapelte sie sorgfältig in einer Ecke des Zimmers, neben der Tür. Verschwand und kam mit einer dicken, hohen Kartonhülse zurück. Trat leise auf, mit gesenktem Kopf, um ja nicht zu stören. So schlüpfte er einige Male herein und wieder hinaus, jedes Geräusch vermeidend. Offensichtlich besessen von Angst vor der hohen Persönlichkeit, für deren Empfang er alles tat. Nach seinen ängstlichen Erwartungen zu schließen, mußte der Erwartete ein sehr hohes Tier in der Hierarchie der Gorillas sein.

Sie blickte auf die Uhr. Nun war es eine Minute nach fünf. Er war also doch nicht pünktlich. Man wollte sie offenbar erst zum Wahnsinn treiben, hoffte zumindest, daß sie sich mit der Frage, was man nun wieder im Schilde führe, das Gehirn bis zum Wahnsinn zermartern würde. Allzu bekannte Taktik. Aber dagegen wußte sie sich zu wehren.

Das Männlein setzte sich auf einen Stuhl, atmete durch. Welch eine Kühnheit! Dicht neben dem Schreibtisch! Jeden Moment konnte die Exzellenz erscheinen. Und nun setzte der Kerl auch noch ein blödes Grinsen auf. Feixte sie an. Zufrieden mit sich und seinem Werk.

»Würden Sie bitte etwas näher rücken! Mit dem Sessel. Oder, noch besser, sich hierher setzen, auf einen von diesen beiden.«

Die Stimme machte sie stutzig. Eine Stimme, die überhaupt nicht zu seiner schlappen Erscheinung paßte. Redete da wirklich dieser mickrige, knitterige Diener, dieses vom Tragen der vielen schweren Pakete schweißtriefende Wesen in mausgrauer Kluft? Was hatte das zu bedeuten, wie sollte sie sich verhalten? Wie gelähmt wartete sie ab. Kalter Schweiß überzog ihre pochenden Schläfen. Ihre Hände wurden taub, und eisigfeucht rieselte es über ihren Rücken. Trieb man da ein neues idiotisches Spiel mit ihr, ausgerechnet jetzt, Sekunden vor dem Auftritt des Monstrums? Versuchte dieser Spießer, dieser Papi mit Großfamilie, dieser Hilfsbuchhalter, Uhrmacher, Schnürsenkelverkäufer, Staubwedel, sie etwa mit seiner Stimme ...

»Wie Sie sehen, bin ich pünktlich. Kommen Sie näher! Ich verstehe mich nur auf Gespräche in kleinster Runde, auf Gespräche unter vier Augen.«

Er sprach undeutlich, verschluckte die Silben, verhedderte sich. Ungleicher, synkopischer Redefluß, Nebel zwischen und über den Wörtern. Konnte offenbar nur in Splittern denken. Warme, zögernde Stimme. Doch mit Befehlston. Geschulte Stimme. Seltsamer Mischmasch aus Kraft und Ängstlichkeit, Sanftmut und Härte, irgendwie ...

»Jetzt werden Sie doch wohl näher rükken, oder?«

Er ließ sie nicht aus den Augen, als sie zu einem der beiden Sessel am Schreibtisch ging und sich niederließ. Zugleich fingerte er aus seiner Jackentasche einen Flachmann mit trübem, kaffeebraunem Inhalt. Legte ihn behutsam auf die Kristallplatte. Dann fixierte er sie ausgiebig, sich so zugleich ihrer Aufmerksamkeit empfehlend.

Unter dem graukarierten Jackett trug er ein blusenartiges hochgeschlossenes Hemd aus feiner, senffarbener Baumwolle. Schadhaftes Gebiß, nikotinschwarze Zähne. Die Nase von roten Äderchen durchzogen. Schlaffe, weiche Wangen. Kleine Ohren, runzliger Hals, kraftlose Hände. Mit dünnen, kurzen, gelblichen Fingern. Frisch bis ans Fleisch angeknabberte Nägel. Markante, sich in eine Halbglatze hochwölbende Stirn. Große, dunkle Augen. Leuchtende Augen, unstetiger, lauernder, genau registrierender, abwägender Blick. Und dennoch wie tot. Ein außergewöhnlicher Blick. Kein Zweifel, er war der Erwartete.

Seine Hände setzten sich in Bewegung, als wollten sie auf seinen Kopf deuten. Sie verstand die Geste nicht gleich. Er nahm seine Baskenmütze ab und legte sie auf die rechte Armstütze ihres Sessels. Schien angeödet und zugleich gereizt zu sein. Als könnte es ihm nicht gelingen, sich zu entspannen. Der Anblick des abgegriffenen Lumpen schien ihn anzuwidern. Die Frau griff danach und schleuderte sie über ihre Schulter. Traf das Fenster, dumpf klatschte die Mütze wie ein toter Vogel auf den Boden. Jetzt starrte er sie nicht mehr an, blickte hinab auf die Kristallplatte. Als befürchtete er, sie jetzt, wo die Mütze ab war, mit seinem eindringlichen Blick zu belästigen.

In dieser Haltung begann er zu reden.

»Sie werden mich, hoffe ich, allmählich ertragen. Wir werden reden können miteinander. Wissen Sie, ich hasse alles Extravagante. Jede Ablenkung.«

Aber was sollte die Mütze? Hatte er sie bloß aufgesetzt, um seinen kahlen Schädel entblößen zu können? Sie streifte ihn mit einem flüchtigen Blick, irritiert, weil sie für einen Augenblick nach einer logischen Erklärung gesucht hatte. Als sei sie ihm damit schon ins Netz gegangen.

»Ich habe angeordnet, daß man alles unternimmt, um Sie in einen Normalzustand zu bringen. Ihnen wieder ein normales Aussehen zu geben. Sie zu normalen Reaktionen zu bringen. Damit Sie möglichst unauffällig aussehen, noch besser: unauffällig werden. Möglichst unscheinbar. Keinerlei besonderes Interesse auf sich ziehen. Ich verabscheue alles Auffällige, alle Überraschungen. Wäre mir lieb, wenn Sie sich damit abfänden. Sich damit abfinden, daß ich ganz anders bin, als Sie's vermutlich erwartet haben. Sie sollten es versuchen. Damit wir von gleich zu gleich miteinander reden, damit Sie mir folgen, mich verstehen können. Mit diesem Raum hat man Ihnen ja die Gelegenheit geboten, sich umzustellen, oder? Alles, was ablenken könnte, stört mich. Ich mag nichts Grelles, nichts Plötzliches, keine zwecklosen Emotionen.«

Die Frau beachtete ihn nicht mehr, spürte aber, daß er den Kopf gehoben hatte und sie fixierte. *Ich muß mich gegen jede Neugier wehren, die die Begegnung mit diesem Menschen in mir wecken könnte. Ich muß mich hüten, mir einzureden, daß es hier um ein normales Gespräch zwischen zwei normalen Menschen geht – so wie er es gern hätte. Fallen, lauter Fallen. Viel-*

leicht ungefährliche. Aber ich muß mich wehren, gegen alles. So stur, bis ich selbst nicht mehr weiß, wogegen. Aber wäre nicht gerade das sein erster Sieg?

»Beginnen wir mit einer kleinen Zusammenfassung. Zunächst, daß Sie seit einigen Monaten hier sind. Daß Sie in der ersten Zeit sozusagen rund um die Uhr geschlagen, mißhandelt worden sind. Jawohl, auch nachts. Von Ohnmacht zu Ohnmacht. Und beschimpft worden sind Sie auch, natürlich. Sie haben wohl nie so viel Unflat, so viel ordinäres Gebrüll zu hören bekommen, und immer ging es um Namen von Leuten, mit denen Sie sich heimlich getroffen haben, um konspirative Wohnungen, um geheime Missionen. – Dann haben die Prügel etwas nachgelassen. Bloß noch einige Male pro Tag. Diversifizierung des Programms. Man hat Sie im Regen stehen lassen, stundenlang. Dann zweimal täglich gezwungen, ohne sich zu rühren, in einem Kreidekreis vom Durchmesser eines Basketballs zu stehen. Ihre Beine sind dabei angeschwollen. Man hat mir berichtet, daß Ihre Fesseln, Ihre Knöchel wie Hefeteig über den Schuhen angeschwollen sind.

Und daß Sie die Schuhe nicht mehr ausziehen konnten. Und einige Male hatten Sie Mäuse im Bett. Sofern man das Bett nennen kann: den engen Sarg, in den gerade ein Kadaver, ein festgenagelter Sterbender gepaßt hätte. Vergewaltigt hat man Sie ja vielleicht nicht. Obwohl sicherlich mancher Lust dazu gehabt hätte. Besonders dann, wenn Sie schon so recht weichgeprügelt waren. Am Ende Ihrer Kraft. Extreme Schwäche ist ja nicht weniger aufreizend als extreme Gegenwehr. Sie meinen, das hätte nichts zu bedeuten, Sie meinen, daß sie sich auf andere Weise schadlos gehalten hätten. Es ist dennoch nicht das gleiche.«

Sie erwartete ein ironisches Grinsen. Es blieb aus. Seine Miene und seine Worte hatten nichts miteinander gemein.

»Und dann hat man Sie geschoren und gezwungen, einen Staubwedel aus Ihrem Haar zu machen. Und nicht nur Staub zu wischen … Und vergessen, den Kübel in die Zelle zurückzubringen. Als Sie die Sache mit Ihrem Magen hatten. Und Durchfall – wie Sie richtig vermuteten: vorsätzlich provozierten. Und nächtelang zum

Stehen gezwungen. Im Gitter von 1000-Watt-Strahlen. Und den Kopf in eine Schüssel mit Seifenwasser. Primitivste Phantasie von Bestien. Und 48 Stunden Standkarzer in einem Kasten wie ein Kleiderspind, bei totaler Dunkelheit.

Dazu natürlich die täglichen Prügel, die Schikanen, der Schweinefraß. Zusammenfassend können wir also sagen: keinerlei Annehmlichkeiten.«

Er sprach mit geschlossenen Augen. Hatte er trotzdem gespürt, daß das Gesicht der Frau von Satz zu Satz bleicher geworden war?

»Und wozu das alles? Immer die gleichen Fragen. Und niemals eine Antwort von Ihnen. Die wußten doch, daß Sie schweigen würden. Sie mögen sich wundern: Aber Ihre Antworten hätten sie auch gar nicht interessiert. Man hätte Sie weiter gequält. Jede Antwort wäre Anlaß zu weiteren Strafen gewesen. Man hätte Sie gezwungen, Ihre Antworten zu wiederholen, bloß um Ihnen zu sagen, daß die anderen andere Aussagen gemacht hätten. Und daß auch Sie sich widersprechen – gestern so, heute ganz anders.«

Er erwartete keine Antwort. Er stützte sich mit den Ellbogen auf den Schreibtisch und musterte sie kalt.

»Was soll's, das ist ihr Handwerk. Aber manchmal scheinen sie doch etwas rauszukriegen. Die kapieren einfach nicht, daß alles nur vergeudete Energie ist. Hinzu kommt die Gewohnheit und – zugegeben – auch eine gewisse Lust. Nun werden Sie jedenfalls nicht länger malträtiert. Es liegt ihnen nichts daran, Sie umzubringen oder zum Krüppel zu schlagen. Man wird Ihnen Konzessionen machen, Ihnen ein zwar nicht luxuriöses, aber doch normales Leben ermöglichen.

Sie sind also an einem Mittwochnachmittag um neunzehn Uhr sechzehn verhaftet worden. In der Manditschewski-Allee, vor dem Haus Nummer siebzehn. In nächster Nähe der Autobushaltestelle, an der Sie gerade ausgestiegen waren. Sie hatten sich verspätet, waren bedrückt und nervös. So was passierte Ihnen ja öfters; daß es Ihnen trotz aller Anstrengung nicht gelingt, pünktlich zu sein. Vermutlich haben Sie sich an diesem Tag sogar schuldig gefühlt.

Konspirative und amouröse Treffs ähneln und unterscheiden sich zugleich. Denn die amourösen haben ja auch etwas Konspiratives, nicht wahr? In jenem besonderen Fall haben Sie wohl selber nicht so genau feststellen können, welcher Art das Rendezvous war. Um so schlimmer die Verspätung. An jenem Mittwoch hatte es jedenfalls nicht am Autobus allein gelegen.«

Ab und zu – spät erst bemerkte sie es – griff er verstohlen nach dem Flachmann, drehte den Verschluß ab, spielte heimlich und wie abwesend damit unter der Schreibtischplatte, und selbst wenn er einen Schluck daraus nahm, tat er es so leise, daß es zwischen seinen Worten unterging.

»Daß Sie so lange auf den Bus hatten warten müssen, das war kein Zufall. Wir selbst haben ihn so lange aufgehalten, wie es uns nötig schien. Es freut mich übrigens, daß Sie nun nicht erstaunt sind und sich von so etwas nicht beeindrucken lassen. Derlei Reaktionen öden mich an. Ich kann also Vertrauen zu Ihnen haben, hoffen, daß wir uns verstehen werden.«

Plötzlich rückte er mit dem Stuhl näher an sie heran. Mit einem Ausdruck der Ratlosigkeit, Verzweiflung fast. Als wollte er um Hilfe bitten, ein Geständnis ablegen.

»Wissen Sie, ich finde es unerträglich, wenn mein Gegner mir unterlegen ist. Das entmutigt mich. Ich bin geradezu gelähmt, wenn ich weiß, daß mein Gesprächspartner, bevor ich mich an ihn wende, geschlagen, gedemütigt, erschreckt worden ist. Und Angst befällt mich, Angst vor mir selbst. Und vor diesen Kerlen. Angst, daß es mir eines Tages ebenso ergehen könnte.«

Die Frau war nun hellwach, er bemerkte das. Sie spannte sich, sah schon voraus, daß solche Anwandlungen von Hilflosigkeit, von jämmerlichem Mitteilungsbedürfnis sich häufen würden. »Wissen Sie, ich hasse alles Extravagante«, damit hatte die Begegnung begonnen. Seine Stimme, sein Gesicht erinnerten an ein alleingelassenes, vergreistes Kind.

»Und als Sie endlich angekommen waren, da waren Ihre Genossen bereits verhaftet. Zu unseren Spielregeln gehört nun mal auch etwas Schurkerei.

Was ich Sie fragen, Ihnen vorschlagen möchte, mag Sie vielleicht beunruhigen. Es geht um den Zweck unserer Unterredung.

Stellen wir zu Ihrer Beruhigung erst einmal fest, daß ich ohnehin alles weiß, was Sie hätten gestehen können. Genau weiß, wer in dem Haus verkehrte, in dem Sie damals erwartet wurden. Habe alle Berichte gelesen, auf Ergänzungen gedrängt. Ganze Biographien sind so entstanden, und nicht nur über die Genossin Simona Strihan. Sia, so nannten Ihre Freunde Sie, nicht wahr? Simona Strihan also. Ich kenne zum Beispiel, als hätte ich schon immer mit Ihren Freunden zusammengelebt, das Leberleiden und das nicht unbeträchtliche Vermögen des Herrn Barbosa. Ich weiß, daß der junge Patraulea, genannt der Poet, ein Schürzenjäger ist. Und die höchst vornehme Margarit eine Fanatikerin – und doch zugleich Dame vom Scheitel bis zur Sohle, mit Haut und Haar den altgewohnten, auch den weniger gewohnten Vergnügungen der High-Society verfallen. Die sie übrigens verabscheut. Nun ja, eine Fanatikerin. So völlig anders als der Ingenieur … Oh, Zugluft!«

Jäh sprang er auf, erbleichte, wich lauernd hinter den Schreibtisch zurück, schnüffelte, schien die Ohren hochzustellen wie ein Hase. Ja, Hase – das hätte ihr doch im ersten Augenblick auffallen müssen: Einem Hauskarnickel glich er. Und kurzsichtig schien er auch zu sein. Aufgeregt starrte er ins Leere, die Jacke hatte sich über dem Hemd verzogen, der Zipfel des abgewetzten Gürtels hing pendelnd auf die Hose herab. Der Kopf war ihm zwischen die Schultern gerutscht, zitterte ebenso wie sein dürrer Körper. Und war rot angelaufen. Er war mit den Händen in die Jackentaschen gefahren, hatte aus jeder ein großes Taschentuch gezogen, die führte er nun abwechselnd an die Nase, nieste.

Die Frau konnte sich ein Lächeln nicht verkneifen. Er bemerkte es. Und – ein Wunder! – er lächelte zurück. Stotterte verlegen:

»Eine Allergie, verstehen Sie. Der geringste, der leiseste Luftzug schmeißt mich einfach um.« Er hechtete zur Tür. Wollte sie aufstoßen. Doch sie war verschlossen. Er krümmte sich, zitterte, mit der Hand auf der Klinke, hickste, als hätte ihn eine Kugel aus dem Hinterhalt getroffen. Durch das Fenster sickerte die Dämmerung. Die Frau blickte auf die Uhr, konnte jedoch im Halbdunkel die Zeiger auf dem verstaubten Zifferblatt nicht erkennen.

Der Mickrige fing sich wieder. Nicht nur seine Verlegenheit hatte sich verflüchtigt, er schien überhaupt jedes Interesse an seiner Rolle verloren zu haben, alles war plötzlich in Vergeblichkeit und Lächerlichkeit zerfallen, nur noch bodenloser Überdruß, ein allertiefstes Bedürfnis nach Auflösung schien ihn auszufüllen. Wie durch einen dichten, feuchten Nebel sah er die Frau vor sich. Es hatte keinen Sinn mehr, sich anzustrengen...

Die Frau lächelte noch immer, aber das Mitgefühl, das sie einen Augenblick lang für ihn empfunden hatte, war Ekel, Verachtung geworden, ihr Lächeln bloß noch eine eiskalte Grimasse. Fast war es, als wäre sie mit dieser Grimasse eingeschlafen. Dann trommelte er mit dem metallenen Schraubverschluß auf die Kristallplatte. Ein irrer Glanz spitzte seinen Blick. Doch schon im nächsten Moment schien er den Ausbruch zu bedauern. Wo er doch bloß an den Flachmann gedacht hatte! Er führte ihn auch gleich an die Lippen, diesmal ganz unbefangen, kippte ihn hoch und trank ihn in einem Zug halb leer. Dann ließ er sich wieder auf seinem Sessel nieder, belebt, wenn auch sichtlich verstimmt.

»Jawohl, auch ich hasse die Langeweile. Ich meine, man merkt das. Aber ich hasse auch die Arbeit, den Fleiß, jeden Eifer. Und jede Logik. Manchmal sogar die Wahrheit. Ich bin ein ...«

Er hatte mit fester Stimme begonnen, dann aber immer leiser weitergesprochen. Es war ihm offensichtlich wichtig, sie von seiner Bereitschaft zum Verzeihen zu überzeugen.

»Es hätte in der Tat keinen Sinn, Ihnen alles zu sagen, was ich über Sia Strihan weiß. Und über Dinu Barbosa, Tina Margarit, Ingenieur Mateescu. Oder über Viktor Vaduva, den intelligenten Arbeiter. Ja, nicht einmal über das kostbare Prachtstück, das Sie – das war mir von vornherein klar – nicht bloß bewundert haben. Nein, es hätte keinen Sinn. Vielmehr sollte ich Ihnen endlich sagen, was ich über mich selbst weiß. Ich biete Ihnen auch über mich Informationen an, die nicht weniger wichtig sind als das, was ich über Simona Strihan weiß. Sie werden feststellen müssen, daß ich mich selbst genau kenne. Obwohl ich – das hatte ich übrigens gerade sagen wollen – ein Dilettant bin. Jawohl, ein unrettbarer Dilettant.«

Mit vorgeschobenen Schultern über den Flachmann gebeugt und ohne aufzublikken, redete er monoton weiter.

»Man findet sich damit ab. Mit meiner Nachlässigkeit, meinen Marotten, meinen Hirngespinsten. Man duldet sie. Man betrachtet mich wohl als ein notwendiges Übel. Die Kerle haben eingesehen, daß sie auf mich angewiesen sind. Obwohl sie meine Anordnungen, meine Attacken, meine Kombinationen nicht kapieren können. Und obwohl sie mich verachten. Wahrscheinlich würden sie nichts lieber tun, als mich selbst in so eine Zelle sperren und sich durch die gleiche Praxis an mir rächen, die Ihnen ja wohl bekannt ist. Einsargen würden sie mich.

Manchmal vergehen Monate, ohne daß sie mich brauchen. Sie lassen mich in Ruhe, scheren sich den Teufel um mich. Doch wenn sie mich rufen, verzichten sie auf alle Verhandlungen. Sie tun, was ich fordere: Bewilligen mir jede Summe, volle Handlungsfreiheit. Halten sich an meinen Plan, hüten sich, mir irgendwas zu befehlen. Halten bloß Maulaffen feil, wenn ich ihnen mit meinen Spekulationen komme. Natürlich verplappere ich mich manchmal, wenn ich ihnen zum Beispiel erkläre, wieso gewisse Sonderfälle sich nach einem bestimmten Zyklus wiederholen. Es handelt sich um Ausnahmen, um Auswüchse des Lebens, die allerdings lebensnotwendig sind. Mit Haß und disziplinierter Sturheit ist da einfach nichts auszurichten. Es gibt Welten, Typen, die ihnen unbegreiflich bleiben. Es sei denn, sie könnten verstehen, was mit dem Leben gemeint ist, von dem ich spreche. Aber dazu müßten sie über meine Einbildungskraft, mein Temperament, meine Morbidität, meine Sensibilität verfügen. Ich bin genauso ein Sonderfall wie Sie. Wenn auch nicht ganz von dem Format des Mannes, an den Sie immerzu denken müssen und der Ihnen so sehr fehlt. Eine in der Tat außergewöhnliche Persönlichkeit, wie Sie mir wohl einräumen werden.

Ich erreiche gewöhnlich mein Ziel; und zwar ziemlich rasch. Darum beschäftigen sie mich ja auch. Einen Magier, der zwar widerlich, kränklich, verschroben ist, aber immerhin mit ihrem ganzen Krempel klarkommt. Ihre Berichte enden immer mit der optimistischen Information, daß der schwierige Fall, der ihnen so lange zu schaffen machte, nun endlich liquidiert wurde oder demnächst liquidiert werden wird. Allerdings bin auch ich manchmal der Verlierer – zumindest nicht immer der Gewinner. Es gibt Sphinxe, es gibt Genies. Ein Hohlkopf kann natürlich nicht kapieren, wie leicht man eine Niederlage baut. Und was für eine Niederlage oft schon in einer glücklichen Augenblickslösung steckt. Ja, daß es, genaugenommen, überhaupt nur Niederlagen gibt, wenn sich auch nicht alle sofort als solche erkennen lassen. Wenn ich versage, dann vergessen sie alle meine Erfolge. Vergessen jedoch auch ebenso schnell ihre eigene Unfähigkeit. Greifen wieder ihre plumpen, idiotischen Argumente auf, brüllen herum, es sei ja wohl klar, daß so ein traniger, lasterhafter Spinner wie ich vor jeder heikleren Aufgabe versagen müsse, beleidigen mich, kotzen ihre ganze Verachtung, ihren Haß vor mir aus, quälen mich mit ihrem Mißtrauen. Glauben Sie mir, ich hab's nicht leicht. Mißtrauen – das ist mein täglich Brot. Und es macht mich einfach fertig, wenn auch andere mir mit ihrem Argwohn kommen. Es macht mich melancholisch, lähmt mich, besudelt mich. Zerstört mich auf Monate.

Aber irgendwann brauchen sie mich dann doch wieder, wenn sie an einen ungewöhnlichen Fall geraten und mit ihrer ganzen Weisheit am Ende sind. Dann muß ich immer erst ein Zögern überwinden, mein Selbstvertrauen wiedergewinnen. Muß diese Finsterlinge verdrängen, die wie Gespenster alle meine Gedanken, Fehler, Gesten belauern... bis ich mir selber Abhilfe verschaffe. Durch die Pulle, ein Weib, ein Buch, einen Kurzurlaub. Sogar Gedichte, lachen Sie nicht, sind manchmal ganz nützlich. Oder Musik. Das weckt meine Lebensgeister wieder. Putscht mich auf – und plötzlich habe ich nichts anderes mehr im Sinn als den Fall, das Ziel, die Daten und Hypothesen – und die Lösung.«

Es war dunkel geworden, aber er schaltete das Licht nicht ein. Vielleicht noch nicht völlig finster, jedenfalls dunkel genug, daß die Frau ihn nicht mehr sehen konnte. Aber sie spürte es, als er sich hinter dem Schreibtisch erhob.

»Ein cleverer Chef könnte Wunder erreichen durch mich. Er bräuchte bloß meine Defekte auszunützen. Genau das: meine Faulheit, meine Nachlässigkeit, meine Konfusionen. Welch ein unermeßlicher Raum für Phantasie doch gerade in ihnen steckt! Aber wo, unter all diesen Rindviechern, findet sich solch ein Chef? Hat ja auch Jahre gedauert, bis sie spitzgekriegt haben, was in mir steckt.

Wie gesagt: Ich bin ein Dilettant. Pflichterfüllung, Gehorsam, Stundenpläne, methodische Arbeit – wie mich das alles nervt! Ich arbeite selten. Für Geld – für meine Vergnügungen. Aber auch das nur, wenn ein Angebot meine Erfindungskraft herausfordert, mir etwas Neues verheißt. Was Sie mir zu gestehen hätten, interessiert mich überhaupt nicht. Ich weiß sowieso alles über Sie und Ihre Kreise. Sehr wohl hingegen könnte ich Ihnen eine Menge Einzelheiten über jeden berichten. Auch über mich selbst. Zur besseren Kenntnis sowohl Ihrer Freunde wie Ihres Gegners. Denn daß wir Gegner sind, muß ich wohl zugeben. Obwohl – wenn wir in die dunkelsten Tiefen des eigenen Ichs hinabstiegen – die Situation weitaus komplizierter wäre. Bei allem, was ich über Sie weiß, bin ich zu der Feststellung berechtigt, daß Sie für Ihre Person und Ihre zwar nachweislichen, doch belanglosen Delikte nicht mehr Beachtung erwarten dürfen als die, die ich für Sie aufbringe. Man erwärmt sich leicht für Ideale, zumal wenn man jung ist. Aktionen zur Eroberung der Macht – wie faszinierend! Danach aber wird's schwierig. Wenn man die Macht endlich hat, gibt's nur noch Komplikationen. Ich war immer dabei, bei allen – das solltest du bedenken.«

Die Gefangene schwieg abwartend, um herauszubekommen, ob er sie nun auch weiterhin duzen würde oder ob dieses Du bloß ein Versprecher gewesen war.

»Aber du bist nicht der interessanteste Fall. Hast du ja wohl gemerkt. Es besteht jedoch eine bestimmte Korrelation zwischen uns beiden. Und du bist – wie ich schon bemerkt habe – nur dadurch wichtig, daß ich dich wichtig finde. Nur durch diese von mir entdeckte Korrelation. Was mich wirklich beschäftigt, das ist dein Freund.

Ihm gebührt die sorgfältigste Aufmerksamkeit, gibst du doch zu. Wüßte gern, was deine Genossen sich gedacht haben, als du dich ausgerechnet am Tag ihrer Verhaftung verspätet hast. Ich habe natürlich – was Ihnen unbekannt sein dürfte – dafür gesorgt, daß keiner erfährt, daß auch Sie festgenommen worden sind. Und wie es nun weitergehen soll, werde ich mir noch überlegen. Vielleicht werde ich Ihre Entlassung anordnen. Das würde das Mißtrauen Ihrer Leute anstacheln, nicht wahr? Und es bleibt offen, ob der Mann, der uns beide so sehr beschäftigt, Sie in Schutz nehmen könnte, ob er am Ende nicht selber mißtrauisch würde. Das wäre verständlich. Für mich jedenfalls. Eine maßlose, typisch intellektuelle Grausamkeit. Kraft, aber Ohnmacht – kompensiert durch doppelte Kraft. Kraft, die wiederum eine große Schwäche ist. Natürlich auch ein zusätzlicher Reiz, nicht wahr? Erhöhte Verletzlichkeit. Das könnte ihm den Hals brechen. Doch, wie gesagt, ich kann das gut verstehen. Die Exzesse des Intellektuellen, der entschlossen ist, seine eigenen Schwächen aus übertriebener Loyalität zu überwinden, die sind am allergefährlichsten. Ich beobachte ihn seit langem, das laß dir gesagt sein. Seit gut zehn Jahren. Und nun kenne ich ihn gründlich. Er ist dauernd bedroht, nicht allein durch uns beide, sondern ebenso durch sich selbst. Ich meine, es müßte genügen, ihn in diesem aufreibenden Krieg gegen sich selbst allein zu lassen. Aber mit diesem Projekt komme ich nicht durch.«

Und wieder begann er, erregt zu keuchen.

Die Gefangene verkrampfte sich bei dem Gedanken, daß er sich ihr nähern könnte. Plötzlich aber brüllte er auf.

»Nein, ich rede nicht irre, ich spiele hier keine Farce! Laß dein verdammtes Grinsen, wer gibt dir das Recht, mich zu verachten?«

Und knipste zugleich die Tischlampe an, um seine Vermutung zu prüfen. Bebend erhob er sich, trommelte mit seinen kleinen Fäusten auf die Kristallglasplatte. Wurde wieder puterrot im Gesicht, schoß wütende Blicke auf sie, seine Schultern zuckten, sein ganzer Körper wand sich in heftigen Konvulsionen, dann nieste er los, wurde wieder zum niesenden Karnickel, nieste in Salven, hingebungsvoll, bis zur

Erschöpfung, und warf sich schließlich erschöpft auf den Schreibtisch, tastete nach dem Schalter, knipste das Licht aus.

Im Dunkeln gewann seine Stimme ihre zudringliche Sanftheit zurück.

»Mein Spiel ist gefährlicher, als du glaubst, Mädchen. Und viel grausamer. Ein Spiel des Verstandes, der Berechnung und Phantasie. Nun ja, ich habe keinen Charakter. Aber meine Grausamkeit kennt keine Grenzen, solche Gegnerschaft ehrt dich. Das wirst du früh genug selber merken.«

Kompakte Finsternis beherrschte nun den Raum, nichts mehr war zu erkennen, allein seine heisere, rauhfeuchte Säuferstimme zog ihre Schleifen durch das Dunkel, hob sich, senkte sich, soff ab in wiederkehrenden Niesanfällen, rappelte sich wieder auf, verstummte jäh.

Hatte es überhaupt einen Sinn, ihm noch länger zuzuhören? All die Zähmungsversuche der letzten Tage, Frühstück und Mittagessen, dann die ersten schockierenden Augenblicke dieser Begegnung ... all diese verwirrenden Vorbereitungen, bloß damit dieser gefährliche Clown seine so rasch verpuffenden Effekte anbringen konnte! Das alles hatte sie dermaßen hergenommen, daß sie einfach keine Kraft mehr hatte – was immer er noch aushecken mochte. Sie ließ sich schlaff in den Sessel sinken, fiel in Halbschlaf, hörte noch einmal, wie durch Watte, das Wort Mädchen, verlor sich, schlief ein vor Schreck, tauchte unter, er aber hockte da, auf der Lauer, wie ein riesengroßes schäbiges Kaninchen.

Dann war sie wieder hellwach, ballte die Fäuste – nur nicht nachgeben! Und sank wieder zurück in die flauschige Wärme des Sessels. Ihr Körper entspannte sich, zerschmolz. Und spannte sich wieder – straffte die Muskeln, durchhalten, durchhalten! Sie hörte ihm längst nicht mehr zu, vielleicht war er endlich verstummt. Nein, sie würde nicht länger zuhören, würde sich die Ohren zuhalten. Mühsam hob sie die Arme, langsam, um ja keinen Lufthauch zu verursachen. Selbst im Dunkeln und in völliger Abwesenheit spürte das Scheusal jede winzigste Regung. Sie beugte sich vor und schaffte es, die Hände an die Ohren zu pressen. Nicht wieder eindösen! Wach bleiben!

Seine Exzellenz wollte offenbar schwächer erscheinen, aber auch dämonischer, als sie in Wirklichkeit war. Und dann dieses so schwer zu unterscheidende Auf und Ab zwischen echten und simulierten Niesanfällen. Wenn es ihr gelingen würde, sie auseinanderzuhalten, sie vorauszusehen, dann hatte sie die sichere Chance, ihn unterzukriegen. Aber noch war er ihr über, noch konnte sie seine Bemerkungen, seine Gedankensprünge nicht durchschauen. Aber auch ihre eigenen nicht. Noch war sie unfähig, zu erspüren, in welche Richtung sein endloser Monolog sie drängen wollte, so daß er immer wieder Gelegenheit fand, sie durch unerwartete Abschweifungen aus dem Gleichgewicht zu bringen.

Hatte er endlich aufgehört? War er verstummt? Vielleicht sogar eingeschlafen wie sie? Wie sehr sie auch den Gedanken zu verscheuchen bemüht war, gewärtigte sie in höchster Anspannung einen verräterischen Luftzug, der ihr seine Annäherung ankündigen würde, sah sie ihn schon lautlos wie eine Fledermaus auf sie zuwanken, um sie zu wecken, sich zu rächen, weil sie ihm nicht mehr zugehört, ihn zu ignorieren begonnen hatte, und ihr die Kleider vom Leib zu reißen, besinnungslos mit den Fäusten auf sie einzuschlagen; alles traute sie seiner blinden Wut zu.

Einige Male schon hatte sie hinter der Miene seiner echten oder geheuchelten Gleichgültigkeit, ja Apathie, lange, auf sie gerichtete Blicke gespürt, aus noch gezügelter Begierde. Blicke, die sie wie unsichtbare Strahlen streiften. Sie zuckte zusammen, reckte sich, hob die Hände von den Armstützen des Sessels, lauschte gespannt. Sie hörte nur ein gleichmäßiges, säuselndes Atmen. Das Karnickel war also eingeschlafen.

»Nein, nein, ich schlafe ich. Ich hab' dich bloß ein bißchen ausruhen lassen. Bist müde, versteh' ich«, flüsterte er.

Dann schaltete er die Lampe an. Beide rieben sich benommen die Augen. Das Licht blendete sie.

»Ja, es ist spät. Hast selbst gesehen, daß ich nichts von dir wissen wollte.«

Die Frau starrte auf die Uhr an der Wand über dem Schreibtisch. Ihre Augen hatten sich noch nicht an die Helligkeit gewöhnt, alles war weiß, grell.

»Ich vermute, daß du dich nun mit dem Argwohn deiner Freunde wirst abfinden müssen. Und daß ich's nicht vergesse: Man wird dich im Prozeß gegen sie nicht unter Anklage stellen. Vielleicht lassen wir dich sogar hier raus. Kann natürlich sein, daß auch du verurteilt wirst. Aber nicht wegen politischer Delikte. Man wird sich was anderes einfallen lassen. Die Entscheidung steht noch aus.

Ich war offen mit dir. Aber täusch dich nicht. Nicht immer bin ich ehrlich. Diesmal habe ich mich jedenfalls zu einer Ausnahme entschlossen. Aus Gründen, die zu meinem Plan gehören.

Und es ist keine falsche Ehrlichkeit. Das wirst du zur rechten Zeit selber feststellen. Ich habe nicht gemogelt.

Aber alles, was in Zukunft noch auf dich zukommt – ich bleibe ehrlich bis zum Schluß –, wird mit Lucian Hariga zusammenhängen. Auch wenn du für lange Zeit der Sphäre seiner Gedanken entzogen sein wirst und ihr nichts mehr voneinander erfahren werdet. Die Freiheit der Arbeit, der Liebe, der Kunst – wie schön! Nicht wahr? Ich finde es selbstverständlich, daß ein Künstler, durch alles, was ihm eigen ist, vor allem aber durch alles, was ihm abgeht, zum Rebellen werden muß. Im Grunde genommen ist doch jeder Künstler entweder seiner Zeit voraus oder von seiner Zeit überholt. So oder so aus dem Rahmen gefallen. Ohne Bezug zur Arbeit, zur Familie, zum Gesetz. Hat eben eine andere Sinnlosigkeit gewählt. Und steht darum allen Enterbten nahe. Und den Propheten, die ab und an noch geboren werden.

Auch ich habe mich solchen Neigungen hingegeben. Es wenigstens versucht. Gelegentlich was hingekritzelt. Verführt von Büchern. Auch ich war einmal ein rechter Feuerkopf. Brenne vielleicht noch heute – wie ein kalter, künstlicher Brennstoff. Und deshalb meinen diese Kerle wohl auch, daß ich mich auf Spezialfälle verstehe. Wo ich doch selbst zum Spezialfall geworden bin. Der Trägheit, dem Laster verfallen, aber intelligent – Sie sehen, ich bin nicht gerade bescheiden. Bin sozusagen eine Verkörperung der Fäulnis. Und weiß wohl, daß ich Sie nicht kleinkriegen könnte. Tja, mein Fräulein, gnädige Frau, Genossin, Sie haben diesen außergewöhnlichen Mann gekannt. Diesen gediegenen Intellektuellen und Kämpfer. Diese virtuelle Führerpersönlichkeit – Lucian Hariga. Sie sind jünger als er. Um so verständlicher die gegenseitige Zuneigung. Sie spielen eine Rolle in seinem Leben. Obwohl er – woran man besser nicht rühren sollte – ein echter Genußmensch ist. Auch andere Frauen waren fasziniert von ihm. Er hat sie an sich herangelassen oder sie weggeschoben – sich alles Melodramatische vom Leib gehalten.

An der Kunsthochschule haben Sie übrigens nicht die besten Zensuren bekommen. Doch ich habe mir alle Ihre noch dort liegenden Arbeiten angesehen. Und verstanden, wen Sie meinten. Ich habe die Wahrheit durchaus erfaßt, die Ihnen vorschwebte. Noch nebelhaft und scheinbar chaotisch. Die Kunst ist ein doppelgesichtiges Ding – das wissen Sie wohl. Und die Wahrheit? Bitte sehr, mein erstes grandioses, aufgeblasenes Wort. Die Wahrheit, will sagen: die Wahrheit Ihrer Kunst, springt einem nicht eben in die Augen.

Die Gelder, die ich von diesen Leuten beziehe, stehen in keinem Verhältnis zu meinen Leistungen – aber es wäre noch weit verwerflicher, wenn ich mir dafür nicht ab und zu gewisse Vergnügungen leisten würde. Nicht etwa flüchtige, oberflächliche, sondern anhaltende, dauerhafte. Eines davon – hoffe ich – werden Sie sein, Sia Strihan. Sie entschuldigen doch, daß ich Sie gelegentlich duze. Ich bin leicht verstimmt, schlecht gelaunt. Aber im Kopf vollkommen klar. Ich könnte die Einstellung der Verhöre nicht durchsetzen, der Versuch wäre auch zwecklos. Die da werden Sie weiterhin demütigen und quälen. Es macht ihnen Spaß, leere Mühlen zu drehen, ich kann nichts dafür. Der Apparat muß funktionieren, sonst rostet er – das ist nun mal ihre Regel. Ich habe nur geringe Möglichkeiten, darauf Einfluß zu nehmen. Die da behaupten, beweisen es auch gelegentlich, daß ihre Methoden wirksam sein können. Nichts zu machen! Aber einiges kann doch auch ich ausrichten. Und ich glaube, ich hab' es bereits getan.«

Er erhob sich. Seit er das Licht angeknipst hatte, waren seine Worte, seine Gesten verhaltener, steifer geworden. Seine Maske erstarrt. Schwer zu erraten, ob sich in dieser Verwandlung nicht vielleicht eine neue, unerwartete, noch größere Gemeinheit versteckte. Es schien ihm nichts mehr daran gelegen, Distinguiertheit, Langeweile, Sachlichkeit vorzuspielen. Ein Verzicht, der gewiß einem Opfer gleichkam, aber einem Opfer, das sich bezahlt machen würde.

»Sie haben ja bemerkt, daß ich eine Menge Pakete und Päckchen zu dieser Begegnung mitgebracht habe. Habe selbst die Einkaufsliste zusammengestellt und – meine Vergeßlichkeit bedenkend – alle Besorgungen peinlich genau überwacht. Damit ja kein Geschenk fehlt. Man könnte mich für einen altmodischen Kavalier halten, der wohl weiß, was er Damen schuldig ist, die ihn durch ihre Aufmerksamkeit ehren.«

Beim letzten Satz lächelte er, wie die Etikette es vorschreibt. Flüchtig, andeutungsweise – um sofort wieder mit neutraler Stimme und Miene weiterzureden.

»Pinsel in allen Stärken. Farbkreide, Stifte, Zeichenkohle, Tusche, Öl- und Aquarellfarben. Nur Markenware. Mit äußerster Sorgfalt ausgewählt und nicht nach dem Preis gefragt. Dazu natürlich Papiere, Kartons, Leinwand. Und falls Sie Lust haben, werden Sie auch alles nötige Material und

Gerät für Kupfer- und Stahlstich bekommen.«

Und das alles mit dem gleichen teilnahmslosen Tonfall, als hätte er nicht bemerkt, wie die Frau vor Verwirrung erstarrte. Und sogar ein paar Silben hervorbrachte.

»Ja, aber…«

Soviel nur. Doch gemessen an ihrer beharrlichen Verkrampftheit und Stummheit genügte das schon. Mit weit aufgerissenen Augen starrte sie in die Ecke, wo sich die Schachteln und Päckchen stapelten.

»Alles ist da, was Sie zum Zeichnen und Malen brauchen. Und wie gesagt, bei Bedarf wird auch für Gravuren alles besorgt. Wir – oder die da – werden Sie noch eine Zeitlang hier festhalten. Vielleicht in diesem Raum. Ein paar Monate noch, oder ein paar Jahre. Schwer vorauszusehen. Wir sind ja ein kleines Land. Abhängig von der großen Weltpolitik. Falls meine Ansicht Sie interessiert: Ich glaube nicht, daß es noch lange dauert. Die Zeit – so sehe ich es – arbeitet rasch.

Solange man Sie aber noch da festhält – kurz oder lang –, werden Sie täglich eine

Skizze anfertigen. Zeichnungen des Hauses oder der Innenräume, in denen Hariga, Kahane, Vaduva sich trafen – und die anderen. Zugegeben, eine mechanische Produktion. Aber nur anfangs. Bei täglicher Arbeit kommen Sie – auch ohne besondere Sorgfalt – auf Einzelheiten. An die Sie sich so erinnern. Sie müssen selbstverständlich gewissenhaft arbeiten, sich mit diesem Auftrag anfreunden. Gegen anfänglichen Widerwillen. Aber sie wird Ihnen bald zum täglichen Bedürfnis werden. Ich hoffe, daß Sie bald ganz darin aufgehen.

Ihre Zeichnungen werden nicht nur über die äußeren Räume, sie werden ebenso über Ihren inneren Zustand Aufschluß geben. Ich weiß genau, wie oft sie in dem Haus waren, wo Sie verhaftet werden sollten. Und mit wem Sie da zusammengekommen sind. Für die Künstlerin, die Sie schon sind oder noch werden, kann diese Arbeit nur nützlich sein, wohl auch eine therapeutische Wirkung haben – der Zweck des Auftrags bleibt Ihnen dennoch verborgen. Daran ist leider nichts zu ändern. Ehrlich war ich nur, solange es um mein eigenes Interesse ging. Aber da sind eben auch andere Interessen im Spiel.«

Sein Tonfall wurde wieder knapp und bestimmt, seine Miene kalt und hart. Das steigerte die Bedrohlichkeit, machte ihn aber zugleich zum lächerlichen Zwerg. Er klopfte mit dem leergetrunkenen Flachmann auf die Glasplatte.

»Ob die Zeichnungen, die Sie von Harigas Haus, genauer: seinem einstigen Haus, anfertigen werden, die Wunderwirkung haben können, die ich meinen Geldgebern in Aussicht gestellt habe, das kann ich ja offenlassen. Es genügt, daß man meine Argumente akzeptiert hat. Fassen wir zusammen: Sie werden also die Skizzen zum vorgegebenen Gegenstand anfertigen. Zugegeben, eine Marotte von mir – Marotten sind eben meine Leidenschaft. Doch solange Sie sich dieser Marotte unterwerfen, werde ich keinen Anlaß haben, Ihnen die neuen Annehmlichkeiten wieder entziehen zu lassen. Das Endergebnis: Man wird Ihren Fall höchstwahrscheinlich vom politischen Prozeß abtrennen und dadurch das Vertrauen, das Ihre Freunde – wie ich hoffe – zur Zeit noch in Sie setzen, endgültig erschüttern. Und nun schalten wir das Licht aus. Wir brauchen es nicht länger. Der Morgen graut. Wir haben, das kann man wohl sagen, eine Nacht miteinander verbracht. Sehen Sie nur, welch ein strahlender Morgen! Wie klar der Himmel! Und gehören das Unglück, das Gefängnis nicht ebenso wie der Himmel zum Leben, das uns gegeben ist? Und muß man nicht alles, was zum Leben gehört, mit Freude und Staunen betrachten? Etwas andres kriegen wir ohnehin nicht.«

Er hatte ja recht, die Erde ist begrenzt, unabänderlich ihre Rotation. Die Nacht hatte beide zusammengehalten, nun warf sie beide ans kalte, glasklare Ufer des Tages.

Er lächelte wie ein Toter.

»Öffnen Sie bitte das Fenster!«

Sie erhob sich mühsam, mit bleichem Gesicht, entzündeten Augen, blauen Schatten unter den Lidern. Wendete sich, stützte sich auf die Lehne, machte den ersten Schritt. Hob den Arm, fand keinen Halt mehr, versuchte mit einem zweiten, großen Schritt das Fenster zu erreichen, spürte, wie ihre letzte Kraft versagte, warf die

Hände vor, krallte sich im letzten Moment an die Fensterbank.

Sie atmete durch, starrte zu Boden. Dann straffte sie den Rücken. Tastend wanderte ihre Linke über das Holz des Rahmens. Erreichte das kalte Metall des Knaufs. Umklammerte ihn, versuchte, ihn zu drehen. Sie schaffte es nicht. Hob auch die rechte Hand, versuchte es mit beiden. Kalter Schweiß überzog ihre Stirn. Sie strengte sich an, ließ nicht locker, endlich lösten sich die Fensterflügel. Kraftlos sanken ihre Arme hinab. Einen Augenblick lang stützte sie sich auf die Fensterbank. Dann öffnete sie weit beide Flügel. Die kühle Morgenluft erfrischte ihre Augen.

Sie schaute in den weißlich dunstigen Himmel, sah die Häuserfronten in den Schatten des Morgens, die feuchtglänzende Fahrbahn der Straße, ein Auto, das wie ein verirrtes Insekt heranjagte und dem Blick rasch wieder entschwand. Sie breitete die Arme aus, legte die Hände an den Rahmen. Auch dieses Fenster war vergittert. Schraffierte den Himmel.

Das Gefängnis, die Krankheiten, die Einsamkeit, das ganze Unglück dieses wunderlichen

Lebens. Das einzige, was bleibt: die Freude an der kurzen und ungewissen Dauer ... Wäre ich nicht so angewidert, weil er es gesagt hat, wer weiß, ob ich es nicht selber gesagt hätte ...

Hinter ihrem Rücken regte sich nichts. War er am Schreibtisch eingeschlafen? Oder belauerte er sie mit angehaltenem Atem? Sie lauschte gespannt. Kein Geräusch. Langsam drehte sie sich um, bereit – wie sich's gehört – zu seiner Verfügung.

Doch niemand war mehr im Raum. Er hatte sich – vermutlich während sie das Fenster öffnete – zurückgezogen.

Sein Sessel stand hinter dem Schreibtisch, als sei er nie weggerückt worden. Der Flachmann, der kleine Schraubverschluß waren verschwunden.

Sie hätte am liebsten die Beine entspannt, sich in den weichen Sessel sinken lassen. Sie war noch nicht fähig, ihre Gedanken zu sammeln, sich alles ins Gedächtnis zurückzurufen. Doch sie blieb am Fenster, ließ sich erschöpft sinken und legte den Kopf auf die Ellbogen. Lange verweilte sie so. Dann ging die Tür auf, doch niemand sprach sie an.

Die wollten wohl bloß mal nachsehen, ob ich nicht etwa das Gitter herausgezerrt habe und aus dem Fenster gesprungen bin. Oder hat er noch mal – zwischen zwei Schlucken – einen Blick auf mich werfen wollen …

Eine weiche Hand senkte sich auf ihre Schulter. Sie zuckte zusammen. Spürte es den Rücken hinabrieseln, eine kaltnasse Schlange. Es war also nicht vorbei, würde jetzt erst beginnen. Das Monstrum hatte neue Kräfte gesammelt, hatte wohl noch einen Flachmann geleert. Und würde nun wieder das hervorholen, was sie am meisten entsetzte. Sie hatte es vorausgesehen: kein Ende. Nur sie war am Ende mit ihrer Kraft.

»Erschrecken Sie nicht. Es fängt nicht wieder an«, hörte sie dicht an ihrem Ohr eine andere Stimme.

Schmale Finger gruben sich sanft in ihre Schulter, drehten sie um. Die Frau von gestern, die sensible Brünette, die sie so sehr an eine Studienkollegin erinnert hatte. Eine Art Lüsternheit und doch zugleich Mütterlichkeit ging von ihr aus. Blaß, verschwitzt und ungekämmt, in nur halb zugeknöpftem Hauskleid, als sei sie soeben völlig unvorbereitet und nach einer unruhigen Nacht aus dem Bett geschlüpft, beugte sie sich vor, ihre nackten Brüste schaukelten.

»Ich danke Ihnen. Daß Sie sich beherrscht, daß Sie ihn nicht gereizt haben«, flüsterte sie kaum hörbar.

Die Hand wanderte von der Schulter zum Hals hinauf. Wollte behutsam die Wange streicheln. Die Gefangene wich wie vor einem Gespenst zurück.

»Wer hat denn diese Mütze da hingeworfen?«

Die Gefangene bückte sich, hob sie auf, betrachtete sie melancholisch, klopfte sie an der Fensterbank aus, glättete sie mit der Hand. Dann setzte sie sie sich langsam und sorgfältig auf den geschorenen Kopf und trat wieder ans Fenster. Sie preßte das Gesicht zwischen die Gitterstäbe, als könnte sie so der zudringlichen Stimme entfliehen.

»Sie waren vernünftig. Nun können Sie sich ein bißchen ausruhen. Schlafen«, flüsterte sie sanft, als spräche sie eine Schwester an. War sie barfuß? Hatte die Gefangene sie darum nicht gehört?

Nach einer Weile wurde die Tür leise wieder zugezogen. Ein Gemisch fremder Gerüche erfüllte das Zimmer. Die Gefangene starrte lange auf die Tür, wendete sich ab. Vielleicht lehnte sie sich mit der Schläfe an den Fensterstock. Verharrte regungslos. Ihr müdes Gesicht schien das Leuchten des jungen Tages zu trinken. Es war, als wäre sie eingeschlafen.

NORMAN MANEA

Roboterbiographie und andere Erzählungen

Aus dem Rumänischen
von Gerhardt Csejka, Dieter Schlesak,
Paul Schuster und Ernest Wichner.
325 Seiten, Leinen, 28,– DM
Steidl Verlag

*

Die Biographie des Rumänen Norman Manea ist geprägt von der Todesnähe des Holocaust, dem er als Kind nur knapp entrann, und den lähmenden Jahrzehnten des alles erstickenden Stalinismus. Ohne sich in den Vordergrund zu drängen, grundieren diese Erfahrungen Maneas kompromißlos dichte und präzise montierte Prosatexte. In Verwirrung geratene Innenwelten, plötzlich aufkeimender oder langsam ausdörrender Lebenssinn, die »schmerzhafte Chaotik der Lebensvorgänge selbst« (D. Schlesak) – das vor allem sind die Themen dieser ersten deutschen Werkauswahl: elf Erzählungen – darunter die umfangreiche Titelgeschichte –, die sich weder dem Entsetzen noch der Groteske noch der Melancholie verschließen.

JOHANNES BOBROWSKI

Alles auf Hoffnung. Mehr ist nicht zu sagen.

Eine Lesung
mit Schlagwerk & Perkussion,
vorgetragen von
Friedrich-Wilhelm Junge
& Günter ›Baby‹ Sommer.
Mit Zeichnungen
von Claus Weidensdorfer.
48seitiges Lesebuch mit Langspielplatte
38,– DM
Steidl Verlag

*

Der Krieg, der über die Menschen, über das Land kommt, ist ein Thema der hier dargebotenen Texte Johannes Bobrowskis. An ihnen beweist sich, daß das Poetische nicht notwendig Verklärung bedeutet, sondern im Gegenteil der Schärfung des Blicks dienen kann. Mehr als jeder – immer statuarische, abstrakte – Ernst vermag die verhalten heitere Naivität der Prosa Bobrowskis Geschichtliches bewußt zu machen und Gedenken zu befördern. Von Friedrich-Wilhelm Junges subtilem Vortrag – musikalisch mitgestaltet durch Günter ›Baby‹ Sommer – wird der Tonfall mündlichen Erzählens, der in dieser Prosa stets mitschwingt, auf kongeniale Weise hörbar gemacht. Mit nicht geringerem Gewinn erklingt hier auch die melancholisch-introvertierte Lyrik Bobrowskis.

ALEXANDER BEK

Die Ernennung

Roman. Deutsch von Helga Gutsche.
Nachwort von Raissa Orlowa-Kopelew.
300 Seiten, Leinen, 28,– DM
Steidl Verlag

*

In diesem gründlich recherchierten Roman über die Stalinära wird, nur wenig verschlüsselt, die tatsächliche Geschichte eines hochrangigen Sowjetfunktionärs plastisch nacherzählt. Dieser Mann, ein besessener Arbeiter und eiserner Perfektionist, hat sich bedingungslos dem System verschrieben; und er genießt das Vertrauen dessen, den viele andere zu fürchten haben: Stalins. Doch die Widersprüche, die er, auch in sich selbst, unterdrückt, holen ihn Jahre später – nach dem Tod des Diktators – ein. In einem schmerzhaften Prozeß der Bewußtwerdung erkennt er – der Opfer der nun einsetzenden Entstalinisierung wird –, welcher Preis für seine Karriere zu zahlen war. Diese Einsichten mitvollziehend, leistet Beks Buch einen wichtigen Beitrag zur Aufarbeitung der Vergangenheit.